Aux Jeunes Filles

En attendant l'Avenir

F. DE CÉEZ

« Rendez-vous le plus capable que vous pourrez, car vous ne savez à quoi Dieu vous destine. »
Mme DE MAINTENON.

TROISIÈME ÉDITION

PARIS
Gabriel BEAUCHESNE & Cie, Éditeurs
ANCIENNE LIBRAIRIE DELHOMME & BRIGUET
117, rue de Rennes, 117

1905

DÉPOT A LYON : 3, *Avenue de l'Archevêché*

En attendant l'Avenir

Aux Jeunes Filles

En attendant l'Avenir

F. DE CÉEZ

« Rendez-vous le plus capable que vous pourrez, car vous ne savez à quoi Dieu vous destine. »
Mme DE MAINTENON.

TROISIÈME ÉDITION

PARIS
Gabriel BEAUCHESNE & Cie, Éditeurs
ANCIENNE LIBRAIRIE DELHOMME & BRIGUET
117, rue de Rennes, 117

1905

DÉPOT A LYON : 3, *Avenue de l'Archevêché*

Préface de la troisième édition

Dans cette troisième édition, je cherche à tenir compte, autant que possible, des critiques formulées contre les deux premières.

On a blâmé l'absence de titres en tête des chapitres; on a regretté de ne pas trouver, à la fin du volume, une table des matières donnant la suite des idées.

Les titres en manchettes continueront à former la table alphabétique; les titres des chapitres seront réunis en table des matières.

Il m'est plus difficile de donner satisfaction à ceux qui ont critiqué « l'Essai de bibliothèque ».

Les uns ont blâmé sa largeur, les autres se sont moqués de son étroitesse.

Aux premiers, je demanderai de lire attentivement la note qui précède la nomenclature des ouvrages et d'y remarquer cette phrase : « Il appartient aux mères et aux éducatrices d'y faire un choix judicieux ou de pratiquer les coupures nécessaires. »

Je crois impossible de former une bibliothèque vraiment sérieuse et intelligente à l'usage personnel *de toutes les jeunes filles. Je crois en même temps qu'il est très désirable de leur faire connaître un grand nombre d'ouvrages qui ne sauraient être mis entre leurs mains. Ces deux considérations m'ont amené à donner l'Essai de bibliothèque en question.*

Au reproche d'étroitesse, je répondrai simplement que mon désir étant d'aider les très jeunes filles dans le développement de leur intelligence, je devais n'indiquer que des livres pouvant leur être lus sans danger et avec utilité.

J'ajouterai que la prétention de tout lire étant dangereuse pour tout le monde, je n'aurais voulu, à aucun prix, la propager parmi mes jeunes lectrices.

31 Mars 1905.

AUX JEUNES FILLES

Je ne viens pas vers vous en censeur, jeunes filles de ce nouveau siècle, je viens simplement en amie.

En amie qui se souvient de sa jeunesse et qui désire aider votre marche vers le vrai, le beau, le bien.

Ces pages vous diront la vérité.

Elles ne vous diront, ni comme ceux qui vous exaltent, des paroles flatteuses cachant un fond de moquerie, ni comme ceux qui vous dénigrent, des paroles de découragement, presque de désespérance.

Elles resteront dans le vrai. Et sans blâmer à outrance les tendances actuelles, sans chercher à faire revivre le passé, elles vous conseilleront simplement de tirer bon parti du présent et de préparer l'avenir.

Que le bien demeure votre but, la raison votre guide, la pratique du devoir votre moyen d'arriver au bonheur.

S'il en est ainsi et que les grands principes soient toujours sauvegardés, peu importe, après tout, que vos habitudes ne soient plus celles de vos grand'mères ! Le temps a marché, la vie a changé de forme et vous suivez le courant, voilà tout.

Mon seul désir, par ces simples causeries, est de vous signaler quelques écueils à éviter, quelques moyens à employer pour devenir des femmes supérieures capables de lutter noblement contre les difficultés des temps présents.

BUT ET PLAN DE L'OUVRAGE

Les années qu'une jeune fille passe dans le monde avant de prendre une décision pour son avenir sont les plus belles de sa vie.

Tout lui sourit et semble lui souhaiter la bienvenue. Elle voit la sympathie dans tous les yeux ; elle met, quand elle le veut, la joie dans tous les cœurs.

Mais ces années si douces doivent être aussi des années de préparation, car, si pour le moment, elle peut se laisser vivre, abandonnant à ses parents tous les soucis de la vie, l'heure viendra bientôt où il lui faudra prendre sa part dans la lutte générale.

Elle a du calme, des loisirs, qu'elle en profite donc pour s'armer sérieusement en vue du combat, et pour se rendre apte à tous les devoirs qui pourront lui incomber.

Comment se préparera-t-elle à accomplir sa grande mission : se dévouer au bien et entraîner avec soi les âmes vers les hauteurs ?

Elle y parviendra en ayant un véritable respect d'elle-même ; en sachant devenir sérieuse ; en développant ses facultés et en les tenant à leur place ; en apprenant à user des dons reçus ; en orientant et en ordonnant sa vie avec sagesse ; en cherchant enfin sa voie et en l'embrassant généreusement.

I

Le Respect de soi-même.

Une jeune fille doit avoir une juste estime d'elle-même et un vrai respect pour la mission qu'elle est appelée à remplir dans le monde.

Il lui faut pour cela envisager sérieusement la vie. Elle n'y doit pas voir seulement le plaisir, la vanité, la frivolité, mais y considérer le but à atteindre et le bien immense pouvant résulter de son action.

Elle est une âme vivante, pensante, libre. Elle a et elle aura toujours la responsabilité de ses actes intimes; elle a et elle aura très-souvent la responsabilité de ce qui se fait autour d'elle, car son influence sera positive, même quand son autorité sera limitée.

L'avenir de la France appartient aux jeunes filles. Qu'elles soient courageuses, qu'elles deviennent des femmes fortes capables de former des générations énergiques et la patrie est sauvée.

Quelle que soit votre position, le travail pour le bien s'impose à vous ; à l'heure actuelle, nul ne peut rester inactif.

Soyez vaillantes. Développez votre volonté, votre raison, votre intelligence. Soyez des femmes ayant conscience de leur dignité et sachant imposer autour d'elles respect et confiance.

Ayez une profonde estime pour la grandeur morale de votre être, mais cette estime, reportez-la sur vos compagnes, sur vos amies, et ne donnez pas le triste spectacle d'insensées tirant sur leurs propres troupes et cherchant à les rabaisser.

Il devrait exister entre les femmes, entre les jeunes filles, une véritable solidarité qui les fît se soutenir et s'entr'aider pour conserver dans la famille et dans le monde la position qui doit être la leur.

Respectez les autres ; respectez-vous vous-mêmes ; faites-vous respecter de tous par votre tenue.

Tenue

Quel sujet nous abordons, et que de critiques a soulevées depuis quelque temps la tenue des jeunes filles !

Dépeindrai-je cette jeune fille *fin de siècle*, (comme on l'appelait il y a peu d'années) tant décriée, et à juste titre ?

Ce serait tentant peut-être, mais serait-ce utile ?

Vous connaissez toutes cette créature orgueilleuse dont le cœur sec tient loin de lui tout dévouement. La satisfaction *du moi* est son unique but, et, prenant ses rares idées pour lois, elle va, toute fière de ce qu'elle prend pour la liberté, vers l'excentricité ou vers la folie, et elle arrive trop souvent à... compromettre son avenir.

Laissons-la passer avec le XIXième siècle, du moins espérons-le, et occupons-nous des autres.

Il faut qu'une jeune fille inspire le respect, non par des airs superbes et dédaigneux, mais par une attitude remplie de dignité, de grâce et de douceur.

Elle doit avoir dans ses manières une aisance simple et franche excluant la timidité sotte, l'air effarouché qui font rire, aussi bien que l'air hardi, la mine évaporée qui inquiètent.

Elle doit planer en quelque sorte au-dessus de ceux qui l'entourent, sachant ne pas voir, ne pas entendre ce qu'elle ne doit avoir l'air ni de voir ni d'entendre.

On ne tient pas deux fois des propos hasardés à celle qui semble ne pas les comprendre et qui continue simplement la conversation. Un air digne, bien qu'aimable, arrête également toute familiarité déplacée.

On ne pardonne pas toujours à une jeune fille qui se récrie ou donne une leçon et la moquerie et la médisance ne l'épargnent guère; mais on admire celle qui, avec bon sens et esprit, sait se faire respecter.

Que dire à celles qui vont au devant du mot hasardé, parlent hardiment sur tous les sujets, tolèrent une camaraderie et une familiarité choquantes ?

Que leur dire ?

Vous vous amusez aujourd'hui, vous êtes fêtées, choyées, entourées, flattées; vous croyez avoir des succès réels et votre tête se monte. Prenez garde, on vous trompe.

Si vous pouviez savoir ce qu'en arrière disent de vous vos admirateurs ?

Ils vous ont lancées dans cette voie par leurs applaudissements, leurs assiduités, et dès qu'ils sont au loin, n'ayant point assez des termes de la langue française pour se moquer de vous, ils vont en emprunter encore à l'argot tant aimé de nos jours.

Quelques-unes pensent qu'avec plus d'aplomb, des manières plus libres, un langage plus moderne c'est-à-dire moins français, elles réussiront à conquérir un cœur, ou plutôt une fortune supérieure à la leur.

Qu'elles se détrompent : elles auront des succès, on jouera volontiers avec elles, on les entourera dans le monde, mais quant à les demander en mariage, nul n'y songera. A égalité de fortune, on se tournera vers la mieux élevée, vers celle ayant le plus de tenue.

Regardez autour de vous, faites une petite enquête. Vous verrez rarement la mauvaise tenue profiter à une jeune fille. Vous verrez souvent au contraire la bonne éducation, le maintien sérieux, contribuer beaucoup à d'avantageux établissements.

On voit parfois des jeunes filles très riches prendre un genre *impossible*, et personne ne dit mot. Hélas ! elles sont très riches, et leur fortune est fort désirée. Ce n'est pas flatteur pour elles, mais c'est ainsi, et celles-là ne peuvent guère se faire tort, en apparence du moins.

Mais si des amies moins bien pourvues se lancent sur leurs traces, tout change, et celles qui ont cru réussir en suivant la brillante héritière, tombent lourdement sur le sol, bafouées et dénigrées par tous.

Vous croyez peut-être vous donner un agrément de plus en affectant certaines attitudes, certaines manières de parler de femmes très lancées, ou de réputation douteuse, que vous avez pu entrevoir. Vous êtes dans l'erreur ; restez en apparence ce que vous êtes en réalité. Conservez ce charme particulier que donne la vie digne, et ne cherchez pas à prendre un genre de mauvais aloi, dont vous ne pourriez, d'ailleurs, saisir qu'un faux air.

Un homme du monde qui avait vécu dans les milieux les plus mêlés, disait à une jeune femme : « Vous, honnêtes femmes, vous avez un charme inimitable ; pourquoi donc cherchez-vous à prendre la tenue de celles qui ne vous valent pas ? Vous ne pouvez ainsi que vous diminuer aux yeux de tous. »

II

La Vie sérieuse.

Frivolité

« Ce qu'il faut craindre, à l'égal des plus grands maux, écrivait Mgr Dupanloup, ce sont ces femmes frivoles, légères, molles, désœuvrées, ignorantes, dissipées, amies du plaisir et de l'amusement, et par suite ennemies de tout travail et presque de tout devoir,.. incapables de toute attention et par là hors d'état de prendre aucune part réelle à l'éducation de leurs enfants et aux affaires de leur mari. »

Quelle position une telle femme peut-elle avoir ? De quel respect, de quelle considération peut-elle être entourée ?

Et pourtant, on ne saurait trop insister sur ce point, n'est-il pas désirable d'avoir dans la vie la part d'influence qui revient à un être doué d'intelligence comme de beauté ?

C'est à l'heure où vous êtes, jeunes filles, je vous le répéterai, que vous pouvez préparer votre situation dans le monde. C'est maintenant que vous pouvez remédier, s'il y a lieu, aux lacunes d'une éducation négligée, et que vous pouvez, en tous cas, vous rendre plus aptes encore à tous les grands devoirs de la vie.

Attaquez en vous la frivolité, cette disposition à s'occuper de choses vaines, à mettre toutes ses facultés au service d'inutilités indignes d'absorber un être intelligent.

Légèreté

Combattez la légèreté, ce défaut de l'esprit qui voue nécessairement toute existence à la stérilité.

Que peut, je vous le demande, la jeune fille qui, ne sachant se fixer à rien, change à tout instant de manière de voir, veut avec passion ce qu'elle désire, puis trouve bientôt odieux l'objet obtenu... ?

Méfiez-vous de votre précipitation naturelle; attendez, réfléchissez avant d'entreprendre, mais continuez coûte que coûte, ce que vous aurez commencé.

Ne vous laissez pas entraîner par une sympathie soudaine pour les personnes ; étudiez les caractères et ne vous pressez pas de donner votre confiance.

Que l'engouement irréfléchi pour les objets ou pour les individus ne vous fasse jamais oublier la prudence et la sagesse.

Mettez enfin résolument votre raison au travers de vos impressions ; vous arriverez à un résultat qui vous étonnera.

La dissipation, si désastreuse à tous les points de vue, est généralement le fruit de l'oisiveté. Une femme désœu- Ennui vrée s'ennuie, et, s'ennuyant, elle va, pour passer le temps, vers les distractions frivoles qui ne donnent aucune peine.

La jeune fille ennuyée est à charge à elle-même et aux autres : la rencontrer peut être nuisible, l'avoir près de soi est un lourd fardeau.

Il serait pourtant si facile, avec de l'intelligence et un peu d'énergie, d'éviter l'ennui en se créant une existence occupée, utile. L'effort serait nécessaire au début, c'est vrai, mais bientôt, ce sentiment intense de la vie que donne le travail, cette joie forte que procure l'action, compenseraient, et au-delà, le labeur inhérent à toute occupation sérieuse.

L'ennui, ce malaise intraduisible, cet implacable ennemi rivé à l'âme paresseuse, n'est que la juste punition de ceux qui, reculant devant la loi du travail, veulent jouir sans effort et sans combat.

. . . .

Écoutons Fénelon : « L'ignorance d'une fille est cause qu'elle ne sait à quoi s'occuper innocemment. Quand elle est venue jusqu'à un certain âge sans s'appliquer aux choses solides, elle n'en peut avoir ni le goût ni l'estime : tout ce qui est sérieux lui paraît triste ; tout ce qui demande une attention suivie la fatigue (1) »

Culture de l'esprit

Pour beaucoup de jeunes filles, il ne faut pas chercher ailleurs la cause de l'ennui qui les accable et de la vie frivole qui en est la suite : elles ne veulent pas, elles ne savent pas cultiver leur esprit, et vivre au moins quelques instants chaque jour, dans le monde des idées.

(1) Education des filles, p. 6.

Et pourtant « Dieu ne fait pas de dons inutiles ». Si vous avez reçu l intelligence, c'est afin de la cultiver, de la développer, de vous en servir.

Rappelez-vous que « toute créature raisonnable rendra compte à Dieu de ses dons » et ne laissez pas oisives ces facultés que vous avez reçues. « C'est pour les femmes, a dit Mgr Dupanloup, un devoir d'étudier et de s'instruire ; et le travail intellectuel doit avoir sa place réservée parmi les occupations qui leur sont propres et parmi leurs obligations. » (1)

Les paroles des grands éducateurs vous paraîtront peut-être austères, mais voyez leurs théories mises en pratique par une des plus ravissantes jeunes filles du siècle dernier, Rosa Ferrucci.

« Elle étudia beaucoup, nous dit sa mère, non pour arriver au renom de

(1) Lettres sur l'éducation des filles, p. 92.

femme lettrée, mais parce qu'elle avait compris que le vrai conduit au bien, que l'ignorance est avant tout le mépris des dons de Dieu et par conséquent la marque d'une âme ingrate ; enfin, que c'est un devoir de fortifier saintement sa raison, et de partout chercher, dans les arts et dans les lettres, la beauté incréée du premier amour ! (1) »

Si vous voulez savoir où l'étude conduisait cette charmante créature, lisez ces fragments d'une lettre écrite par elle à son fiancé, peu de jours avant qu'une mort soudaine l'enlevât à l'affection des siens : « Quand je pense à tous ces soleils qui s'agitent dans l'espace, aux mondes qui répondent aux mondes dans l'harmonie de la création, mon âme demeure confondue devant la toute-puissance de Dieu. Elle tremble, elle adore, elle rend grâce

(1) Vie de Rosa Ferrucci par sa mère, p. 42.

à celui qui l'a créée capable d'admiration et de reconnaissance. »

Si l'étude entraînait cette belle âme vers les hauteurs philosophiques et divines, elle la menait aussi dans les chemins de la vie : « Fiancée, et à la veille de son mariage, écrit encore sa mère, elle cherche à entrevoir ce que cette vie nouvelle va lui apporter, et parmi tous les motifs qu'elle a de bien espérer, elle n'a garde d'oublier celui-ci, qu'elle est également préparée à s'associer à l'intelligence et au cœur de son fiancé..... »

Elle entrevoit plus loin encore; elle pense avec joie que, si son union est bénie, « elle ne sera pas comme tant d'autres, sans voix et sans action aux côtés de ses fils devenus grands ; elle gardera dans sa main toutes les cordes nobles et douces de leur âme, et les initiera avec autorité à tout ce qu'elle croit, espère, adore. ».

Ces quelques lignes ne suffisent-elles pas à vous prouver l'utilité de l'étude ?

Oui, le développement intellectuel est une condition essentielle de la véritable valeur morale, et partant de l'influence dans la famille et dans le monde.

Si vous n'avez que de la vertu, vous inspirerez un certain respect, une certaine admiration peut-être, mais vous n'aurez jamais autour de vous l'autorité sérieuse et solide que donnent seuls l'étendue des connaissances et l'équilibre des facultés.

« Si l'on savait assez quand on est jeune, disait Mme Swetchine, tout ce qu'on gagne à attendre, à achever, à perfectionner en silence l'œuvre de sa culture, » (1) comme on emploierait ces années libres de la jeunesse à élever son esprit, à fortifier sa raison !

(1) Lettres T. I, p. 302.

Votre éducation est finie, me direz-vous. Moi, je vous répondrai : « C'est maintenant que commence au contraire la véritable éducation, la vraie culture de votre intelligence. Jusqu'ici, qu'avez-vous fait? Vous avez appris à apprendre, rien de plus. Vos éducateurs ont défriché le terrain ; ils vous ont enseigné à penser et à exprimer votre pensée. A vous maintenant d'élever vos vues, d'agrandir le champ d'investigation de votre esprit.

Vos études doivent avoir pour but, non d'acquérir une vaine science, mais de développer vos facultés et d'établir entre elles l'ordre et l'harmonie.

Vous devez travailler afin de donner plus d'étendue à votre intelligence, de force à votre pensée, de rectitude à votre esprit. Vous devez étudier afin de ne rester étrangère ni au mouvement intellectuel ni au mouvement scientifique de votre temps.

« Rendez-vous le plus capable que vous pourrez, disait Mme de Maintenon à ses filles de Saint-Cyr, car vous ne savez à quoi Dieu vous destine. »

Peut-être aurez-vous une grande influence à exercer autour de vous ; peut-être aurez-vous à former des âmes, à développer des intelligences, à diriger des vies ; peut-être devrez-vous faire face aux difficultés les plus sérieuses?

Que sait-on de votre destinée ? Rien, ou presque rien. Cherchez donc à vous y préparer sérieusement et à vous mettre à la hauteur de toutes les situations.

Il vous faut du courage, je n'en disconviens pas, pour vous astreindre à réfléchir, à travailler ; pour renoncer aux heures de rêves dont les molles douceurs vous semblent si charmantes ; pour délaisser quelques lectures frivoles, quelques conversations futiles. Il vous faut du courage, mais, croyez-moi, une fois au travail vous bénirez votre décision et votre énergie, car vous ne connaîtrez plus les tristesses vagues de la vie désœuvrée.

Votre esprit, fortifié, deviendra plus apte au raisonnement; et vous trouverez, avec l'élévation intellectuelle, le secret de passer utilement et joyeusement ces heures de solitude, ces heures sans occupations fixes qui, parfois, font désirer follement aux jeunes filles des distractions mondaines ou un changement d'existence.

Quelqu'une dira peut-être: « C'est fort bien tout cela, mais *moi* je n'ai pas le temps de travailler. »

Pas le temps, vous, une jeune fille! Allons donc, ce n'est pas sérieux.

Raisonnons quelque peu, si vous le voulez bien. Ne lisez-vous jamais de romans; ne causez-vous pas très longuement avec telle et telle; ne vous occupez-vous pas beaucoup de votre personne, de votre toilette; ne donnez-vous pas trop au sommeil, et surtout ne perdez-vous jamais de temps?

On ne peut vous demander de renoncer à toute conversation, à toute lecture distrayante, mais on peut vous dire: diminuez le temps consacré à ce qui est futile, et vous aurez celui d'agrandir et de fortifier votre intelligence.

Avec Mgr Dupanloup, je serai moins exigeante encore: « Qu'on sache seulement employer toutes les heures qu'on perd et qu'on jette au vent, et on verra qu'il en reste pour les occupations intellectuelles. »

Est-ce trop demander? Vos heures perdues, rien que vos heures perdues. Mais ces heures une fois trouvées, soyez énergiques, et consacrez-les à des occupations sérieuses sans jamais laisser la futilité les envahir.

Avec ces instants reconquis sur l'oisiveté, et sans rien retrancher à vos plaisirs, vous deviendrez des femmes vraiment intelligentes, comprenant la grandeur du but à atteindre et l'étendue des devoirs à remplir.

III

L'Intelligence.

Vous avez trouvé le temps nécessaire pour le travail intellectuel, et vous cherchez de quel côté porter vos investigations. *Travail intellectuel*

Les aptitudes, les goûts de chacun doivent être consultés, c'est évident. Rappelez-vous, cependant, qu'un aperçu général de toute science est nécessaire. Souvenez-vous aussi que certaines études, peu attrayantes vous semble-t-il, peuvent avoir leur utilité pour la formation de votre esprit.

L'étude des éléments de la philosophie s'impose à vous, et parce qu'elle est plus négligée, et parce qu'elle est plus nécessaire que toute autre au développement de votre raison et à l'équilibre de vos facultés. *Philosophie.*

« Il faut, disait d'Aguesseau à son fils, rendre à la philosophie l'honneur qu'elle mérite et la justice qui lui est due ; c'est elle qui perfectionne notre raison ; c'est elle qui prépare notre esprit aux connaissances, qui le dirige dans ses opérations, qui lui apprend à mettre toutes choses à leur place. » — « On l'a dit, et il est vrai, ajoute Mgr Dupanloup, ce sont les études philosophiques qui donnent aux jeunes gens un esprit d'ordre, d'exactitude, de précision, qualités nécessaires pour tous les emplois de la vie. »

La philosophie, a dit Aristote, est la science des principes et des causes. Ces principes et ces causes, elle doit les chercher dans la toute-puissance de Dieu et dans la nature raisonnable et libre de l'homme, elle est donc la science de Dieu et de l'homme.

L'étude de la philosophie, si elle est faite sous l'inspiration des maîtres spiritualistes et chrétiens, affermit dans l'âme et dans le cœur « ces vérités premières et ces grands principes du bon, de l'honnête et du juste, qui sont les éternelles bases de la religion et de la morale. »

Vous pouvez déjà comprendre de quelle utilité est pour vous cette étude. Mais, continuez : « la philosophie est l'art de penser, l'art de juger, l'art de raisonner » elle a pour objet l'étude de la sagesse « et la sagesse c'est tout à la fois la recherche du vrai et la pratique du bien. » (1)

Pouvez-vous dire maintenant que vous n'avez pas besoin de la philosophie ?

Ne devez-vous pas travailler sans cesse à connaître le vrai, à pratiquer le bien ?

De plus, votre esprit n'est-il pas souvent un peu léger ; savez-vous toujours assez réfléchir, assez raison-

(1) Mgr. Dupanloup. Conseils aux jeunes gens sur l'étude de la philosophie, p. 8.

nor ; votre imagination, votre sensibilité ne règnent-elles pas trop en maîtresses ?

L'étude de la philosophie vous habituera à la réflexion, à la rectitude. Elle développera en vous la raison, cette lumière, selon la définition de Bossuet, que Dieu a mise en nous pour connaître et discerner entre eux le vrai et le faux, le bien et le mal, et pour nous conduire vers notre fin.

Développez votre raison, développez-la en vue de Dieu : « Pour que la révélation soit reçue dans l'homme, il faut qu'il y ait là quelqu'un pour la recevoir ; en un mot, si Dieu daigne et veut parler à l'homme, il faut qu'il trouve dans l'homme à qui parler. » (1)

Philosopher, disait Platon, c'est apprendre à connaître Dieu, c'est aimer Dieu, c'est imiter Dieu.

(1) Mgr Dupanloup. Conseils, etc. p. 53.

Le but est assez beau, le sujet est assez grand, mettons-nous donc à l'œuvre avec courage. Bientôt nous comprendrons les joies élevées que cause la lumière entrevue, et, attirée par le charme irrésistible de la vérité, notre âme ira comme d'elle-même vers les hauteurs incréées.

S'il vous est possible de consulter un professeur de sûre doctrine, laissez-vous guider par lui. Si vous manquez de ressources extérieures, ne renoncez pas pour cela à l'étude de la philosophie.

Prenez un traité élémentaire bien fait ; (1) étudiez sérieusement chaque chapitre et faites un résumé court, précis, qui classe dans votre esprit ce que vous venez d'apprendre.

Quand vous aurez étudié ainsi les éléments de la psychologie, de la logique, de la morale, de la théodicée, de la méta-

(1) Voir « Essai de bibliothèque », p. 210.

physique ; que vous aurez entrevu, dans un abrégé de l'histoire de la philosophie, l'évolution de la pensée humaine dans les siècles ; lisez quelques-uns des principaux ouvrages des philosophes et analysez les passages les plus remarquables.

Vous ferez ainsi un travail intéressant, personnel, qui mettra une force toute nouvelle dans votre intelligence et dans votre volonté.

Si vous menez à bien cette étude, vous aurez pour toujours le goût des lectures sérieuses. Et de plus, n'en doutez pas, tout ce que vous ferez sera mieux fait, même dans l'ordre le plus ordinaire, car sachant voir le principe et la fin des choses, vous irez plus logiquequement de l'un à l'autre.

Religion

Une étude qui ne saurait jamais être poussée trop loin, c'est celle de la Religion. Catholiques, nous croyons tout ce qu'enseigne l'Église, c'est notre devoir. Mais notre droit est de chercher à embrasser autant que possible le plan divin.

« L'étude de la Religion est nécessaire, disait d'Aguesseau, à tout homme qui veut avoir une foi éclairée, et rendre à Dieu ce culte spirituel, cet hommage de l'être raisonnable à son auteur qui est le premier et le principal devoir des créatures intelligentes. »

Beaucoup de jeunes filles suivent des catéchismes de persévérance ; à celles-là, il semblerait inopportun de s'adresser. Hélas ! il n'en est pas ainsi.

Ces catéchismes, excellents pour la plupart, sont parfois remarquables, mais que les jeunes filles en profitent peu !

Combien y vont par genre, parce que c est bien porté, élégant ; ou, encore, pour y faire des connaissances agréables, y retrouver des amies, y apprendre des nouvelles. Et comment s'y comporte-t-on trop souvent ?

Quand celui qui parle est sympathique, on écoute à peu près, et Dieu veuille que quelques paroles portent de temps à autre ! Mais s'il ne plaît pas, on cause à voix basse, on se passe des billets, et le souci de s'instruire est le seul oublié.

Parfois, la mère ou l'institutrice supplée, en prenant des notes, aux distractions de la jeune fille ; alors un travail sérieux peut encore être fait à la maison, mais dans les autres cas ?

De plus, pour quelques-unes, les cours commencés depuis longtemps quand elles arrivent de la campagne, ne peuvent leur donner qu'un enseignement tronqué.

L'utilité d'une sérieuse étude de la Religion, en dehors des catéchismes, est donc évidente pour le grand nombre.

Mais il faut un guide, tout au moins un plan.

Vous trouverez sans doute ce guide dans un ecclésiastique que vous aurez l'occasion de consulter, mais si, pour une raison ou pour une autre, vous étiez livrées à vous-mêmes, mettez-vous quand même au travail.

Ayez un bon catéchisme expliqué (1), puis cherchez dans des ouvrages spéciaux à approfondir les principales questions. Faites un résumé, prenez des notes, constituez à votre manière un abrégé de la Religion ; c'est la seule façon véritablement fructueuse de travailler.

Etudiez ainsi le dogme, la morale, le culte ; n'oubliez pas de lire de sérieux ouvrages d'apologétique ; de nos jours, au milieu des attaques multipliées contre la Religion, c'est indispensable ; puis passez à l'histoire de l'Église.

(1) Voir p. 213.

Prenez une histoire générale abrégée comme point d'appui, lisez ensuite les vies des saints qui ont joué un grand rôle à leur époque ; c'est la manière la plus attrayante de suivre, à travers les siècles, la marche de l'Église.

Saint Jérôme recommande si instamment l'Écriture sainte aux illustres romaines, ses disciples, qu'il paraît impossible de n'en pas dire un mot.

Il faut sur ce terrain des précautions infinies, et un guide autorisé est absolument nécessaire, cependant on peut conseiller sans restriction de lire, de relire, de méditer, les Psaumes et les Évangiles.

Histoire

L'histoire du monde est un vaste champ d'études.

« L'histoire, dit Mgr Dupanloup, c'est Dieu gouvernant le monde par sa

Providence, et le monde s'agitant librement sous sa main (1).»

Bossuet, dans son discours sur l'histoire universelle, vous fera comprendre ce grand côté de l'histoire.

Pour l'étude de l'histoire proprement dite, si vous avez dans la mémoire, comme c'est probable, les éléments de l'histoire des peuples, choisissez une époque, celle qui vous attire davantage, et cherchez à la bien connaître(2).

Il est particulièrement intéressant d'étudier ainsi les grandes époques de l'histoire nationale.

Les erreurs historiques étant répandues partout, ne craignez pas d'aborder les savants travaux, parus depuis quelques années, et qui montrent, avec pièces à l'appui, la mauvaise foi d'his-

(1) Haute Éducation intellectuelle, T. II, p. 75.
(2) Voir p. 221.

toriens uniquement soucieux de servir une secte ou un parti.

Littérature

La littérature vous est très familière ; mais peut-être n'avez-vous lu ou étudié que des analyses succinctes, que des fragments détachés des grands auteurs.

Il est difficile de conseiller beaucoup plus, c'est évident, mais si, une mère, une personne sérieuse, pouvait vous lire ou vous faire lire, avec le tact voulu, les principaux chefs-d'œuvre de toutes les littératures, l'avantage serait grand pour la formation de votre goût.

Il est des auteurs qui peuvent, en grande partie, être mis entre toutes les mains. Ceux-là, étudiez-les à fond. Quand ils s'appellent Bossuet, Corneille... ils suffisent pour mener bien haut l'esprit humain.

L'étude des langues vivantes est utile et intéressante. Celle du latin serait d'une non moins grande utilité. Cette langue, mère de la nôtre, peut, plus que toute autre, former notre goût et notre style. De plus, n'est-elle pas la langue du monde catholique, et à ce titre ne devrait-elle pas avoir notre prédilection ? Langues

Les sciences tiennent une telle place de nos jours dans la vie, que vous ne pouvez y rester tout à fait étrangères. Vos cours vous ont donné beaucoup sous ce rapport, du moins c'est probable. Si votre esprit se porte de ce côté, vous aurez là une source inépuisable d'études. Sciences

Celle qui habite la campagne doit s'intéresser à l'agriculture. Elle doit y chercher des occupations qui puissent remplir une vie dénuée souvent de distractions mondaines, et y trouver un moyen de gagner l'estime et la confiance de son entourage

Quand votre champ d'action est un centre industriel, intéressez-vous aux ouvriers, à leurs familles. Mais tenez-vous au courant des questions ouvrières et des progrès de l'industrie, car, rappelez-vous que votre action doit toujours être aussi intelligente que charitable.

Arts

Les arts, qu'il y aurait à dire sur ce point! Un peu d'esthétique serait très utile : n'est-ce pas la science du beau, la philosophie de l'art ? (1)

L'art, en reproduisant, en rendant perceptible le beau intellectuel et moral, doit élever l'âme de la beauté créée à la beauté infinie, c'est son rôle. Il ne

(1) Voir p. 213.

peut l'accomplir qu'à la condition d'être étudié avec intelligence.

Il faut s'efforcer d'acquérir, non toujours un talent, c'est le lot du petit nombre, mais une compréhension réelle du beau, un goût sûr, épuré, permettant de s'élever au-dessus de ce qui frappe uniquement les sens.

Il faut éviter trop de mécanisme en musique, trop de frivolité en dessin, et chercher dans les arts, non seulement une occupation pour ses heures de loisirs, ce qui est bien, mais encore un moyen d'élever ses facultés, ce qui est mieux.

Travail à l'Aiguille

Le travail à l'aiguille peut être une occupation intelligente et utile. Que faut-il pour cela ? Ne pas s'en tenir aux ouvrages insignifiants préparés d'avance, mais composer, nuancer soi-même, faire enfin œuvre personnelle.

Les travaux de fantaisie, quelque artistique qu'ils soient, ne devraient pas faire le fond de l'éducation manuelle des jeunes filles. Je voudrais voir chacune d'elle savoir tailler, ajuster, donner une forme convenable, tout au moins à un vêtement d'enfant. Comme ces connaissances pratiques pourraient lui être utiles un jour, et comme, en tous cas, elles lui permettraient de faire du bien autour d'elle !

IV

L'Imagination.

L'imagination est une faculté complexe qui subit les influences les plus diverses.

Le plaisir, la douleur, le bien, le mal, le beau, l'amour, la haine, etc., ont sur elle une action indiscutable.

Faculté très mobile, elle n'en n'est pas moins d'une utilité incontestable. Nécessaire pour créer, elle est indispensable pour décrire ou dépeindre, et nulle intelligence complète ne saurait se passer de son concours.

Elle est utile, agréable, charmeuse même souvent, mais elle est dangereuse. Son caractère de faculté moitié sensitive et moitié intellectuelle en fait un agent actif du mal, aussi est-il très important d'en être parfaitement maîtresse.

Il ne doit pas être question de l'étouffer : serait-ce possible d'ailleurs, et ne réussirait-on pas seulement à la faire dévier ?

Il ne faut pas non plus la comprimer; il faut la traiter comme un don du Créateur, avec respect et raison, lui donnant simplement la place qui lui a été attribuée dans le plan divin.

L'imagination ne doit ni précéder ni accompagner la raison, mais elle doit la suivre. Accomplissant alors ses vraies fonctions, elle ouvre à l'intelligence des horizons nouveaux, facilite à la volonté la pratique du devoir, jette un charme sur toute chose, et couvre l'austérité de la vie.

L'imagination joue un rôle important dans une foule de maux, mais est-elle la plus coupable ? Elle créé, présente vivement à l'esprit, grossit les objets, c'est vrai, mais le jugement, la volonté, ne devraient-ils pas arrêter le mal à sa naissance, et empêcher des idées essentiellement volages de prendre consistance ?

Quoiqu'il en soit, l'imagination est la cause première de beaucoup de souffrances, et les maux imaginaires ont défloré bien des vies, déformé bien des caractères.

Pourquoi, par exemple, penser sans cesse au lendemain et se dévorer d'inquiétude pour l'avenir ?

A chaque jour suffit sa peine, à chaque peine Dieu ménage le secours. Ne scrutons donc pas curieusement la douleur qui peut venir demain. Les inquiétudes anticipées ne servent qu'à affaiblir les forces.

Prévoir ce qui peut arriver afin de prévenir le mal, c'est prudent, et ce doit être ; mais se forger des craintes, des appréhensions imaginaires, les ressasser indéfiniment, vivre dans une angoisse perpétuelle, ce n'est ni sage ni chrétien.

Les regrets sans fin du passé, les reproches immodérés que l'on s'adresse dénotent souvent de l'amour-propre, non de la raison. Il faut accepter franchement de s'être trompé, ne pas user ses facultés sur des sujets inutiles, — ce qui est passé est passé, — mais bien plutôt chercher les moyens de mieux faire à l'avenir.

On dit parfois qu'une imagination vive et brillante est un malheur pour une jeune fille. On est dans le vrai si cette imagination est dévergondée; on a tort si elle subit le joug de la raison, car elle est alors un aide puissant.

L'imagination est une cause de souffrances spéciales, comme une source de joies particulières. Ceux qui en sont doués en médisent volontiers, mais ne voudraient à aucun prix en être dépourvus.

Le Rêve

Qui ne rêve plus ou moins ? Qui ne va chercher dans un monde idéalisé l'accomplissement de ses désirs ?

Toute créature humaine, faite pour le bonheur, laisse errer parfois son esprit vers des horizons difficiles à atteindre, ou vers un idéal dont la réalisation est impossible.

L'utopie naît souvent d'un cœur généreux ou d'un brillant esprit qui laisse le bon sens à la porte.

La jeunesse rêve, c'est son lot spécial. Faut-il condamner en elle ce rêve qui jette un charme sur ses premières années et leur donne de douces illusions ?

Non et oui.

Non, si le rêve est l'effet de l'inexpérience, s'il est seulement la coloration vive d'objets réels, s'il n'occupe que de courts instants, s'il rend le courage plus grand pour l'action.

Oui, s'il absorbe l'esprit et donne l'horreur de la réalité, s'il jette l'âme dans une langueur toujours dangereuse, souvent funeste, s'il fait vivre dans l'attente vague d'une vie imaginaire, s'il rend enfin le présent insipide et le devoir comme impossible.

Fuyons cette désoccupation de l'âme, cette faiblesse d'une nature malade. Réagissons, occupons-nous. Lisons, travaillons, faisons n'importe quoi, mais ne nous laissons pas gagner par cette torpeur malsaine du fumeur d'opium qui rêve en s'analysant, et trouve au bout de ces heures insensées, l'énervement, la défaillance de la volonté, et le dégoût de la vie.

Le temps n'est pas fait pour être perdu dans des douceurs trompeuses qui mènent à l'ennui et au malheur ; il est fait pour le combat, qui conduit à la joie forte, au bonheur pur du triomphe remporté !

Des rêves d'un genre plus défini peuvent avoir aussi de graves conséquences, et on ne saurait trop demander aux jeunes filles de ne pas les laisser croître en leur esprit.

Un rêve caressé, une sympathie dont l'imagination s'occupe, absorbe bientôt les facultés et prend possession du cœur. Le danger est là, peut-être? La souffrance y est certainement.

Que de jeunes filles passent de douloureuses années pour n'avoir pas su éloigner d'elles un souvenir !

Que de femmes ont des vies attristées pour avoir, dans leur jeunesse, laissé s'implanter au plus intime d'elles-mêmes un rêve qu'elles ne peuvent oublier complétement !

Si les jeunes filles voulaient se fier à l'expérience d'autrui, si elles voulaient arrêter leur imagination, fermer leur cœur aux sentiments qui semblent venir y frapper ; si elles voulaient occuper leur vie par le travail et par la charité ; comme elles seraient plus heureuses dans le présent, et auraient plus de chances de bonheur pour l'avenir !

Lecture La lecture est le grand aliment de l'imagination ; elle peut être bien souvent sa sauvegarde.

Il est plus facile de détourner le cours d'un torrent que de l'arrêter ; lorsque l'imagination nous entraîne, occupons-la ailleurs. La lecture est un moyen puissant entre tous.

Vous lisez beaucoup, c'est certain. Mais pourquoi lisez-vous ? Soyez sincères. Est-ce pour vous instruire, vous faire du bien. Non, n'est-ce pas ?

Le plus souvent vous lisez par curiosité, amusement, désœuvrement, que sais-je encore ? Aussi vos lectures sont-elles pour la plupart frivoles, inutiles, dangereuses.

Elles sont dangereuses, si vous lisez à la dérobée, en cachette de votre mère ; si vous ouvrez des livres défendus, des livres que vous savez n'être pas pour vous.

Peut-être ces ouvrages ne vous auraient-ils fait aucun mal si vous les aviez lus les croyant permis, mais soyez certaines que le fruit défendu vous sera mauvais. En tous cas, il troublera votre âme, et n'est-ce pas déjà trop ?

Romans

Les romans permis, ces mille productions fades, fausses, sans valeur aucune, à quoi servent-elles ? A monter l'imagination, à dégoûter du devoir, à occuper l'esprit de sujets frivoles, à entraîner vers une vie molle ou futile.

De tels ouvrages ne devraient pas former le fond de la lecture des jeunes filles, et pourtant c'est ce qui arrive trop souvent. Aussi qu'en résulte-t-il ? Le sérieux est banni, et bientôt le plaisir devient la seule loi.

On ne peut demander l'exclusion absolue de tout roman, ce serait trop exiger. Il existe d'ailleurs quelques œuvres de valeur qui peuvent élever l'intelligence et le cœur, mais elles sont rares, et d'une manière générale, on doit conseiller d'être très sobre sur ce point, et de faire large la part des livres utiles.

En dehors des lectures littéraires, historiques, religieuses, qui peuvent paraître plus ou moins un travail, il y a certains ouvrages, mémoires, autobiographies, monographies, voyages, etc. qui sont attrayants et faciles à lire. Cherchez de ce côté.

Peut-être vous arrivera-t-il dans vos lectures, de tomber sur quelque passage qui vous sera mauvais. Glissez rapidement, et si le passage continuait, ayez la force de fermer le livre.

Votre conscience vous récompensera, soyez-en certaines, du sacrifice fait à la raison et au devoir.

V

La Volonté et la Personnalité.

« Si vous fortifiez votre volonté, disait Mgr Mermillod, si vous réglez votre imagination, si vous gardez votre cœur, vous saurez gouverner la vie ; mais si vous avez une volonté faible, une imagination déréglée, un cœur entraîné, vous ne saurez ni comprendre ni gouverner la vie. La volonté est ce qui constitue notre nature humaine... » Volonté

La volonté est la faculté de se posséder, de se diriger, d'agir ; son caractère essentiel est la liberté, d'où naît la responsabilité.

Et c'est cette faculté maîtresse, cette faculté nécessaire même pour obéir, cette faculté qui nous rend digne de récompense ou de châtiment, qui est la moins développée dans bien des éducations !

On voit des jeunes filles, obéissant par faiblesse et contrainte, ne savoir se dominer en rien et céder, dès qu'elles le peuvent, à toutes leurs impressions, à tous leurs caprices. Incapables d'attention et de réflexion, elles ne savent ni prendre une détermination raisonnable ni avoir la moindre suite dans les idées, dans les entreprises.

Est-ce digne d'un être ayant une personnalité ?

Songez qu'il vous sera demandé compte de cette liberté de l'âme qui vous a été donnée, et prenez en mains, sans retard, les rênes du gouvernement de votre être moral, si, par malheur, vous avez laissé l'imagination et la sensibilité usurper un empire qui ne leur appartenait pas.

Que de fois, dans le cours de votre vie, il vous faudra lutter contre un désir, mépriser une impression, vous refuser une satisfaction, pour demeurer dans la voie droite ! Si votre nature n'est pas habituée à plier sous le joug de la raison et de la volonté, vous aurez des révoltes effroyables à l'heure des grands dangers, et pouvez-vous savoir quel sera le résultat de ces combats auxquels vous ne serez pas préparées?

Énergie

Développez en vous l'énergie, cette volonté ferme qui fait surmonter les difficultés, en soi-même, et au dehors. Habituez-vous à ne pas céder au caprice, à dominer votre agitation, votre impressionnabilité.

Tout d'abord, appliquez-vous à rester maîtresses de vos impressions. Regardez-les comme ne comptant pas, et, de fait, elles ne doivent pas compter, car vos déterminations seront nécessairement prises en dehors d'elles, si vous voulez vivre raisonnablement et chrétiennement.

N'avez-vous jamais souffert d'avoir agi sans réflexion, par entraînement naturel ? Si vous êtes sincères, vous conviendrez que trop souvent le regret amer a suivi l'action faite sans le conseil de la raison. Soyez donc logiques : l'impressionnabilité étant pour vous une cause d'erreurs et de souffrances, ne la caressez pas, ne l'entretenez pas, mais sachez la combattre et la dominer.

Puisse-t-on vous dire un jour ce qu'écrivait à l'une de ses disciples, saint Chrysostôme : « Vous possédez une science supérieure à tous les orages : vous avez l'énergie d'un esprit vigoureux, ce qui est plus puissant que d'innombrables armées, plus sûr que les murailles et les tours avancées ».

La patience vient de la volonté, et oserait-on dire que la patience est inutile ? Patience

Quand on ne sait ni vouloir, ni dominer ses impressions, comment saurait-on supporter avec égalité d'âme les souffrances, les contrariétés, les ennuis de la vie.

L'habitude de la possession de soi-même, la patience, s'acquiert assez vite. Plus on marche dans cette voie, plus elle paraît facile. Le seul moyen, pour arriver à un résultat pratique, c'est de surveiller son premier mouvement et de le réprimer immédiatement.

Il est encore un effet de l'énergie qui a besoin d'être tout particulièrement mis sous vos yeux : « La lâcheté est méprisable partout, dit Fénelon, partout elle a de méchants effets. Il faut qu'une femme sache résister à de vaines La peur alarmes; qu'elle soit ferme contre certains périls imprévus ; qu'elle ne pleure ni ne s'effraie que pour de grands sujets; encore faut-il s'y soutenir par vertu. Quand on est chrétien, de quelque sexe qu'on soit, il n'est pas permis d'être lâche. »

Combien de jeunes filles devraient méditer ces conseils et s'efforcer d'en profiter ? C'est ainsi qu'elles tremperaient leurs caractères et deviendraient des femmes fortes, capables de grandes choses.

Quelques-unes s'imaginent, peut-être, se rendre intéressantes en affectant des peurs exagérées, en jouant à l'enfant effrayé. Êtes-vous, oui ou non, des êtres raisonnables ? Si vous avez de l'intelligence, du jugement de grâce montrez-le en ne faisant pas à dix-huit ans ce que vous auriez fait légitimement à trois ans.

Sachez prendre sur vous et cacher tout au moins vos impressions, en supposant que vous ayez réellement ces frayeurs d'un autre âge. Quand vous aurez pris l'habitude de ne pas montrer ces craintes puériles, vous oublierez de les avoir, et ce sera parfait.

La raison doit présider à toute la vie: s'il est ridicule d'avoir peur à tout propos, il n'est pas sage de s'exposer sans motif sérieux à un danger réel, et toute imprudence doit être évitée avec soin, malgré les conseils de l'amour-propre.

Reconnaître ses torts

Il est beau d'employer son énergie à reconnaître ses torts, et l'estime de tous ne peut manquer à ceux qui sont assez droits et assez forts pour faire plier leur orgueil devant la vérité.

Certaines âmes, d'ailleurs, trouvent une joie véritable à rendre hommage au vrai, même à leurs dépens, et ne pourraient au contraire sans souffrance intime, s'abaisser à chercher de vaines excuses.

VI

La Volonté et la Modération.

Un mot seulement de l'obéissance : Dieu est le seul être *libre*, dans le sens *absolu* du mot, et toute créature est soumise à ses lois. Obéissance

Voilà le principe de l'obéissance. En obéissant aux représentants de l'autorité du Créateur, c'est à lui que l'on obéit, et non à la créature.

Ainsi considérée, l'obéissance est un acte de justice accompli par la volonté ; il ennoblit la créature humaine au lieu de l'abaisser.

Voir le principe de l'autorité dans les supérieurs, et leur obéir en vue de ce principe, est la seule obéissance possible pour une âme élevée.

Mais l'autorité légitime reconnue, il faut être docile et souple. Il faut accepter avec simplicité et douceur les observations, les réprimandes, et s'efforcer d'en profiter loyalement sans se laisser aveugler par l'amour propre. Loin d'en vouloir à ceux qui cherchent à nous corriger, nous devons leur être reconnaissantes et nous efforcer de répondre à leurs soins par un véritable travail sur nous-mêmes.

L'âme docile ira vite et loin dans les sentiers du bien : l'orgueil ne l'arrêtant pas, elle profitera entièrement des secours qui sont à sa portée, et ses facultés trouvant un point d'appui, grandiront, se fortifieront, et donneront tout ce qu'elles peuvent donner.

La docilité n'exclut pas la fermeté de caractère; au contraire, elle en est souvent une preuve. Il faut plus de force d'âme pour plier, quand la raison ou le devoir l'ordonne, que pour suivre l'impulsion de sa nature.

Fermeté

La fermeté est aussi loin de l'opiniâtreté que de la faiblesse. Le caractère faible laisse tout aller par mollesse ; le caractère opiniâtre suit aveuglément son propre sens ; le caractère ferme sait dominer quand il le faut les événements, comme il sait préférer, quand il est juste, l'avis des autres au sien.

Le caractère ferme réfléchit avant d'agir, prend conseil avec sagesse, puis va droit son chemin sans s'occuper de ses propres impressions, sans se laisser iufluencer par le blâme ou la moquerie. Il a vu où était le bien, le devoir et, appuyé sur sa conscience, il ne craint rien.

« La vraie fermeté, dit Fénelon, est douce, humble et tranquille. Toute fermeté âpre, hautaine et inquiète est indigne de soutenir les œuvres de Dieu. »

De plus, cette fermeté âpre, dominée par la passion, dégénère rapidement en dureté, en opiniâtreté, quand elle ne sombre pas dans la faiblesse, ce qui arrive le plus souvent. En effet, la personne qui affiche une fermeté exagérée, échappe rarement à la domination d'un esprit insinuant, et cette prétendue force, effet de l'orgueil, est bientôt le jouet des passions d'un autre.

Colère La colère est aussi une faiblesse; elle est indigne de tout être raisonnable.

Les sages de l'antiquité s'en méfiaient : « Je te battrais si je n'étais en colère » disait Socrate à son esclave coupable.

Imitons ce philosophe. Quand la colère bouillonne en nous, ne parlons pas, n'agissons pas. Fuyons, s'il le faut; allons loin de tous les regards et ressaisissons-nous. Ce sera difficile, la nature un instant maîtresse rentrera sous le joug avec peine. Aussi est-il plus sage de combattre l'ennemi quand il se présente, et d'arrêter les puissances de notre âme, dès qu'elles s'émeuvent.

C'est une marque de grande supériorité, c'est le propre de la seule humanité de pouvoir dominer ses passions par un acte de volonté. Usons souvent de cette noble prérogative ; nous demeurerons dans l'ordre et nous serons plus heureuses.

La joie intime causée par la victoire sur soi-même dédommage largement des quelques peines de la lutte.

La colère mène à l'impertinence, c'est même la forme de la colère la plus fréquente chez les jeunes filles. Mlle X. n'en viendra pas aux voies de fait, aux éclats trop retentissants, un certain orgueil la retient ; mais son esprit ne subissant plus aucun frein, elle prononcera des mots incroyables dans sa bouche, et dira les choses les plus dures, les plus brutales, les plus pénibles, à ceux qui se trouveront en butte à sa violence. Vis-à-vis des personnes dont elle dépend son insolence n'aura pas de borne, et elle déversera sur elles, avec une sorte de rage, tout l'orgueil et toute la méchanceté que lui soufflera l'esprit de révolte. (1)

Tempérance

La volonté règle en nous tous les penchants; elle produit la tempérance.

« La tempérance, dit très bien Mme de Maintenon, est une vertu qui nous modère en toutes choses, et nous fait tenir le juste milieu entre le trop et le trop peu. Elle est d'un usage continuel, elle empêche tout emportement de passion, soit de joie, soit de tristesse :

(1) Parfois, celle qui se livre à ces violences ne pense même pas ce qu'elle dit, et n'en garde aucun souvenir. Elle sait avoir été en colère, mais n'a pas conscience des paroles prononcées. Arrivée à ce paroxysme, la colère est une vraie folie momentanée.

si on rit, c'est avec modération et modestie ; si on pleure, c'est sans se livrer toute entière à la douleur, la portant paisiblement et patiemment ; si on mange, c'est avec modération ; enfin la tempérance empêche tout excès » (1).

La gourmandise est l'asservissement de l'âme au corps. Les animaux se jettent brutalement sur la nourriture pour assouvir leur faim ; l'homme, livré à la gourmandise, va plus loin, il fait servir son intelligence et sa volonté à dépasser les bornes de l'utile.

Sans aller si loin, est-il d'un être raisonnable non de manger pour vivre, ce qui est l'ordre, mais de le faire pour sa seule satisfaction, et alors d'être difficile, exigeante ; de manger quand les choses plaisent, et seulement quand elles plaisent...

(1) Conseils aux demoiselles de Saint-Cyr, T. II. p. 10.

Le devoir est de prendre une nourriture suffisante. Tant mieux quand le goût est satisfait, tant pis quand il ne l'est pas.

Au sujet de la gourmandise, il est une question qu'il semblerait inutile d'aborder en s'adressant à des jeunes filles, et pourtant... (ne vous offensez pas, je vous prie, et lisez jusqu'au bout). Il peut arriver parfois à certaine d'entre elles, dans un diner, dans une partie, à un buffet, de se trouver près de jeunes gens qui, pour la rendre plus gaie, (peut-être pour lui faire tenir des propos dont ils se moqueront ensuite), cherchent à lui délier la langue à l'aide de vin de champagne, de mélanges dissimulant l'alcool... Alors, qu'arrive-t-il ? Sans aller jusqu'à l'excès, bien entendu, on perd cependant son sang-froid, la tenue s'en ressent, et bien des paroles inconséquentes sont dites.

Il faut prudence, attention, méfiance, dans les réunions les plus choisies, ne l'oubliez jamais.

VII

La Volonté et les Plaisirs.

En abordant la question si importante des plaisirs, je ne dirai pas : « Abstenez-vous, les plaisirs sont dangereux ou sont frivoles, laissez-les à d'autres. » Non. Je dirai simplement : ayez en tout de la modération ; dominez votre désir de vous amuser, et ne vous laissez jamais dominer par lui. Plaisirs

N'entraînez pas vos parents plus loin qu'ils ne veulent.

Ne vivez pas pour le plaisir ; il ne doit trouver place que dans la très minime partie de votre vie ; il ne doit ni empêcher les occupations sérieuses, ni l'emporter jamais sur le moindre devoir.

Mais, quand il vous est légitimement accordé, soyez simples et gaies, tout bonnement et franchement.

Fêtes mondaines

Si vous avez du jugement, de la volonté, les fêtes mondaines auront peu de dangers pour vous.

J'aime mieux qu'une jeune fille connaisse les plaisirs du monde. Elle s'en fera une idée plus juste, et n'aura pas de regrets inutiles s'il lui faut un jour s'en passer. Celle, au contraire, qui aura été privée de ces fêtes dont l'éclat fascine son imagination, vivra en présence d'un véritable mirage, et regrettera toujours des plaisirs dont elle n'aura pas vu la réalité décevante.

Mme de Maintenon, avant de lancer dans le monde les jeunes filles élevées à Saint-Cyr, leur donnait des avis que son expérience rend particulièrement sages et pratiques :

« Dieu veut que nous prenions quelques moments de plaisir pour nous délasser un peu et pour mieux poursuivre notre travail, mais ce ne peut être qu'un effet de l'aveuglement ou de l'ignorance des chrétiens de passer la plus grande partie de la vie à se divertir, puisque c'est renverser l'ordre établi par Dieu, et perdre un temps dont sa bonté veut que nous achetions l'éternité. » (1).

Il est naturel de prendre quelques plaisirs, mais « il faut, dit encore Mme de Maintenon, que les jeunes filles se modèrent toujours, et qu'elles gardent une conduite qui fasse voir qu'elles sont en tout maîtresses d'elles-mêmes. Vous ne vous divertirez pas moins, mais vous ferez ce que des chrétiennes et des filles bien élevées doivent faire. » (2)

Cette possession de soi-même est nécessaire en toutes circonstances, mais conservez-la plus complètement encore, si c'est possible, en dansant.

(1) Conseils aux demoiselles de Saint-Cyr, T. I. p. 66.
(2) Idem p. 310.

Soyez très simples, soyez aimables, gracieuses, mais que votre volonté ne laisse pas une sorte de griserie et d'enivrement s'emparer de vous. Il faut veiller sur soi dès le premier instant, et se bien dire *qu'on veut* ne pas céder à l'entraînement du plaisir.

Faute d'attention, ou par désir de s'amuser ou de briller, il en est qui *se lancent* et disent mille sottises qu'elles regrettent ensuite.

Avec les habitudes actuelles, il est indispensable qu'une jeune fille ait le tact et la force nécessaires pour se conduire avec sagesse et pour parler avec circonspection dans toutes les circonstances.

Succès Si vous voulez être vraiment agréables, ne posez pas. Ne pensez point non plus à l'effet que vous produisez ; allez sans regarder en arrière, sans vous agiter de ce que l'on peut dire.

Si vous avez des succès, portez vos pensées plus haut ; que sont après tout ces petits succès mondains ? Si vous n'en avez pas, oubliez ce mécompte, ne scrutez pas jusqu'où il va, ne jetez pas vos regards sur les autres, repoussez toute idée de vanité et occupez votre esprit ailleurs.

Théâtre

Si vous êtes au théâtre, dégagez le grand, l'idéal de ce qui est bas et indigne de l'art. Élevez votre esprit afin que, captivé par le vrai beau, il entende sans entendre, voie sans voir, glisse enfin sur tout ce qui serait dangereux.

Si la pièce à laquelle vous assistez est seulement amusante, soyez simples et gaies, mais ayez soin de laisser tomber aussitôt toute idée indigne de vous.

N'insistez pas pour vous faire conduire à ces pièces légères ou malsaines, comme il y en a tant aujourd'hui. Au sortir de ces spectacles détestables, votre conscience mal à l'aise vous ferait regretter votre fatale curiosité.

Courses

Il faut encore signaler certains plaisirs, courses, concours....... Dans ces occasions vous êtes en public; votre tenue doit donc être plus digne, plus sévère même, qu'au milieu de votre famille ou de votre monde.

Plus votre situation est élevée, plus vos exemples seront suivis, et plus vous devez par conséquent faire attention à votre manière d'être.

Soyez certaines que si vous vous permettez d'avoir mauvais genre devant des inférieures, celles qui vous imiteront iront plus loin encore, et vous ne sauriez prévoir le mal pouvant résulter de votre légèreté.

Il n'est pas heureux pour une jeune fille, d'aller beaucoup à ces réunions si mélangées. Plusieurs se sont fait un tort sérieux en ne sachant pas se borner aux occasions naturelles, et en recherchant au loin les exhibitions de leurs personnes et ces assauts de toilette.

Sport

Le cheval, la bicyclette, la chasse, que sais-je encore ?

Tous ces genres de sports, plus masculins que féminins, peuvent être, parfois, utile exercice et précieuse ressource. Mais, je vous en supplie, n'ayez pas l'air trop *sport*. De la simplicité dans la joie des exercices violents, mais de la tenue, de la dignité, là comme ailleurs.

Soyez vaillantes, hardies, intrépides, fermes dans l'action mais restez jeunes filles dans la forme, et n'imitez pas des airs qui déplaisent même chez les jeunes gens.

Evitez la pose. Dans les exercices physiques elle est tout particulièrement redoutable. L'adresse, la force, la vaillance doivent paraître d'elles-mêmes, et n'être jamais présentées au public avec complaisance. Rien n'est déplaisant comme les prétentions sportives des jeunes femmes ; elles ne dénotent, en général, qu'une absence plus ou moins grande de valeur et de charme.

Dans les jeux, tennis, croquet et autres, ayez de la grâce, de la gaîté, de la complaisance, de la bonne humeur, surtout lorsque vous perdez ; mais n'ayez jamais ni laisser-aller, ni préférences marquées, ni rien qui puisse exciter la jalousie ou donner prise à la critique maligne.

VIII

Le Cœur.

« Lorsque Dieu, dit Bossuet, forma le cœur et les entrailles de l'homme, il y mit premièrement la bonté, comme le propre caractère de la nature divine, et pour être comme la marque de cette main bienfaisante dont nous sortons. » Bonté

Le meilleur de nous-mêmes n'est-ce pas le cœur avec tous les trésors d'amour et de dévouement qu'il peut donner ?

Ouvrons donc largement ce cœur et ne laissons jamais l'orgueil ni l'égoïsme le resserrer, le rétrécir.

Si parfois nous éprouvons des déceptions, si les êtres aimés ne répondent pas toujours à notre amour, ne fermons pas pour cela notre cœur. Élevons-nous plus haut ; comme Dieu et avec Dieu, aimons le prochain et dévouonsnous à lui malgré les dédains et les ingratitudes.

Ne cherchons pas trop si l'on nous aime, aimons d'abord ceux que nous devons aimer ; la réciprocité viendra dans une mesure, c'est probable, mais ne comptons pas recevoir autant que nous donnerons, soyons désintéressées et généreuses.

Ayons un cœur prêt à compatir aux souffrances, à se dépenser pour les autres, à s'oublier lui-même quand le bonheur d'autrui est en jeu. « Il n'y a, dit Fénelon, que les grands cœurs qui sachent combien il y a de gloire à être bon. »

La bonté s'étend à tout. Elle défend les absents, console ceux qui souffrent, apaise les dissentiments... La parole de paix et de consolation est son triomphe, mais elle sait aussi relever, encourager et, au besoin, corriger avec douceur et fermeté.

Ne confondons pas la fausse sensibilité avec la bonté. Je voudrais une jeune fille toujours bonne, toujours prête à consoler toute souffrance. Mais je la voudrais vaillante, et n'ayant jamais cette crainte exagérée et maladive de voir souffrir, cette tendresse molle rendant incapable de refuser ce qui doit être refusé. Fausse sensibilité

Soyez dévouées, sacrifiées même pour les autres, rien de mieux. Mais pas de compromissions, pas de faiblesses indignes d'une grande âme !

L'amabilité est un fruit de la force et de la bonté. Elle est charmante toujours; héroïque parfois. Elle demande, en tous cas, un grand empire sur soi-même et un désir d'être agréable au prochain bien fait pour lui toucher le cœur. Amabilité

La reconnaissance est le propre des âmes élevées ; elle leur est douce, et les Reconnaissance porte à un dévouement sans borne. Dieu seul sait jusqu'où la reconnaissance peut mener dans son amour !

L'affection qui naît de la reconnaissance est respectueuse, douce et forte ; elle conduit aux plus nobles sentiments. Elle est vraiment fille du ciel et rien d'humain n'en ternit la beauté faite de bonté et de grandeur d'âme.

L'ingratitude ne devrait pas même se nommer : elle est le produit de ce que notre nature a de bas, de vulgaire. C'est le propre des âmes dépourvues de toute élévation morale. On ne s'adresse pas à de tels êtres... passons.

Politesse

La politesse est une charité extérieure consistant à paraître serviable et aimable pour tous, à n'importuner personne, à ne rien dire de désagréable à qui que ce soit, à souffrir sans plainte les ennuis et les ennuyeux, à sembler content de tout...

Ne flattez ni n'adulez, ne soyez jamais obséquieuses, mais soyez toujours polies, de cette vraie politesse formée de bonté et de charité.

Vis-à-vis des personnes âgées, la politesse doit être teintée de respect. C'est en la pratiquant toujours qu'on se prépare à soi-même une vieillesse respectée.

IX

Les Amitiés.

Le cœur humain a besoin de se donner ; il cherche à se répandre sur autrui, mais il veut, en retour, qu'un cœur réponde à son cœur.

Pourquoi notre cœur est-il souvent enchaîné à la terre, pourquoi ne sait-il pas s'élever plus haut et se donner à celui qui est sa fin, à celui qui l'a aimé d'abord, et qui toujours répondra à l'amour reçu par le centuple d'amour donné ?

L'amour de Dieu n'exclut pas d'autres amours, mais il les ennoblit, les consolide, les fixe, les complète. Quand l'être aimant ne trouve pas en l'être aimé une réciprocité complète, s'il sait se reporter vers Dieu, il reconnaît une fois de plus que là seulement son cœur peut être entièrement satisfait, et prenant de la créature ce qu'elle peut donner, il ne cherche plus en elle l'impossible.

Celui qui place Dieu au centre de son cœur, aura sur la terre de douces, de bonnes amitiés, qui, loin d'entraver sa marche, l'aideront au contraire dans son essor vers le bien.

Si une affection, une amitié, nous porte à la vertu, au dévouement ; si nous nous sentons meilleures, plus fortes, en quittant une amie, ne craignons rien, marchons simplement avec elle la main dans la main.

Si, au contraire, la présence de la personne aimée nous trouble, nous laisse agitée, mal à l'aise moralement, regrettant le temps passé près d'elle, méfions-nous, retirons-nous peu à peu, tenons-nous sur la réserve, cette intimité pourrait devenir fâcheuse.

L'abandon de tout contrôle sur nos

amitiés est indigne d'une créature raisonnable. La sagesse, la prudence, la modération, doivent gouverner nos affections comme toute notre vie.

Où mènent ces belles passions de certaines jeunes filles pour celle-ci ou pour celle-la ? A des démonstrations ridicules, jusqu'au jour où cette soi-disant tendresse se transforme en froideur, si ce n'est en véritable éloignement.

La force seule donne toute sa perfection à l'amitié en la rendant capable de dévouement. Les témoignages excessifs prouvent, et l'amour de soi, et une nature sans frein, rien de plus. Le sacrifice de ses goûts, de ses plaisirs est une preuve d'affection non suspecte ; celle qui la reçoit peut s'appuyer avec confiance sur celle qui la donne.

Amies

Le choix des amies est extrêmement

grave. Ne vous liez pas avec les jeunes filles dont la tenue laisse à désirer, la vue de leurs tristes succès ne serait pas sans danger et leurs moqueries pourraient vous faire dévier. Ne recherchez pas celles dont la position est trop au-dessus de la vôtre, vous pourriez souffrir en constatant ce qui vous manque, même si vous n'arriviez pas à désirer follement une existence plus brillante. Evitez celles qui sont uniquement occupées de toilette, de frivolité, de plaisirs, de romans, vous risqueriez pour un instant de gagner leur folie et vous le regretteriez plus tard.

Les qualités extérieures ne doivent pas entraîner votre choix. Une amie sérieuse, sage, discrète, bonne, dévouée, ayant de nobles sentiments et un beau caractère, vaut mieux qu'une amie spirituelle, élégante, lancée.

Etudiez bien le fond de l'âme de celle

à qui vous voulez donner votre affection. Si sa nature vous restait impénétrable, quelque charmantes que soient les apparences, tenez-vous sur la réserve : toute personne qui n'est ni droite ni franche ne saurait être une amie sûre.

C'est dans la famille qu'une jeune fille devrait chercher ses plus vives affections, ses plus douces amitiés. Avec un père, une mère, la tendresse, nuancée de respect, peut s'allier à la confiance dans un abandon rempli de charme.

Quelques parents espèrent arriver à ce résultat, en permettant à leurs enfants une familiarité déplacée. Ils se trompent : les enfants habitués à traiter leurs parents en égaux, ne sauraient avoir au cœur cet amour filial fait de respect et de tendresse qui demeure toujours. Aimant leurs parents en camarades, ils sont portés à les oublier de même quand ils cessent d'avoir besoin d'eux.

Près de ses frères et de ses sœurs, une jeune fille a souvent une grande mission à remplir. Si elle est bonne, indulgente, dévouée, elle recevra bien des confidences et pourra, par une influence dont on ne se méfiera pas, empêcher beaucoup de mal et faire beaucoup de bien.

Domestiques

Les domestiques sont des créatures libres, ayant les mêmes fins que nous. On doit les traiter avec politesse, bonté et charité, mais n'avoir avec eux ni familiarité ni intimité.

Dominons notre humeur, nos caprices, et soyons toujours profondément raisonnables dans les ordres que nous donnons, dans les services que nous demandons.

Si parfois une vivacité nous échappait, sachons aussitôt montrer la bonté de notre cœur par une parole, une attention laissant comprendre nos regrets. Mais évitons l'abandon avec les domestiques ; il est plus funeste encore que la vivacité.

Une personne habituellement près de nous arrivera fatalement, si nous lui donnons un pied, à prendre une fâcheuse influence.

Méfions-nous spécialement de qui chercherait à nous flatter ; par les compliments, les plus forts sont dominés.

X

L'oubli de soi et l'égoïsme

Il est charmant de voir une jeune fille aimable, gracieuse, trouver, en s'oubliant elle-même, mille façons délicates de prouver son affection, sa reconnaissance, à ses parents, à ses amies, à ceux qui lui ont fait du bien. Son bon cœur se devine et semble promettre des trésors de dévouement pour l'avenir. Oubli de soi

Rien n'est affligeant, au contraire, comme la vue de l'égoïste uniquement occupée de sa propre satisfaction. Jamais elle n'évite de faire de la peine, et le bonheur des autres semble lui être indifférent.

Donnez sans crainte votre confiance et votre amitié à la première ; méfiez-vous de la seconde, elle est aussi incapable d'affection vraie que de dévouement.

Égoïsme

L'égoïsme est cet amour désordonné de soi par lequel on s'établit le seul centre où tout doit converger, où tout doit être rapporté.

L'amour de soi a un principe juste. nous devons aimer la créature de Dieu et désirer la voir parvenir à sa fin, mais nous ne devons pas l'aimer en dehors de l'ordre, c'est-à-dire lui subordonner le prochain et le Créateur. C'est pourtant ce qui arrive quand l'amour de soi est poussé jusqu'à l'égoïsme complet: la jouissance, la volonté propre avant tout, avant l'accomplissement de la loi de Dieu, avant les droits du prochain. Le *moi* devient la vraie divinité adorée, et en dedors d'elle il n'y a plus rien.

C'est affreux, direz-vous, et personne n'arrive à un excès semblable. Peut-être ? Mais bien souvent on va loin, très loin dans cette voie, et parfois sans même s'en apercevoir.

Une jeune fille égoïste, quand il s'agit d'un plaisir, ne songe guère à ceux qu'elle dérange, ennuie, fatigue. Elle ne verra pas l'effort héroïque de sa mère malade pour la conduire à une fête, et elle l'y retiendra jusqu'au matin. Elle ne s'apercevra pas des sacrifices qu'impose autour d'elle son goût pour la toilette, le luxe, les fêtes.

Elle ne voit jamais les souffrances, les ennuis des autres..... Elle est heureuse, cela lui suffit.

Vis-à-vis des domestiques l'égoïsme devient de la tyrannie. Telle jeune fille aura des exigences si déraisonnables qu'il vaut mieux n'en pas parler, et étudier cette autre dont la seule présence déride tous les fronts.

Elle est douce, bonne, charitable, et cherche à adoucir la position de ceux qui la servent. Elle se tient à sa place, demande ce qu'il est juste d'exiger, mais sait s'en contenter. De plus, elle n'oublie pas de compatir aux souffrances de tous et de dire à chacun le mot qui peut consoler, remonter.

La mauvaise humeur, le caractère changeant, désagréable, maussade, sont en général des effets de l'égoïsme.

Une jeune fille a espéré un succès, un plaisir, elle a été déçue, son humeur devient irritable, et sa famille porte le poids de son mécompte. Telle autre, triste et sombre à l'ordinaire, devient subitement gaie, aimable, remplie d'entrain. Cherchez la raison de ce changement, et vous trouverez un succès réel ou supposé, quelque compliment reçu, un plaisir en perspective. L'égoïsme est satisfait et il y a métamorphose..... momentanée.

Que sommes-nous donc pour nous occuper ainsi de notre personnalité, pour la tant aimer, la tant admirer ?

Mauvais sentiments

L'amour de soi, aidé de l'orgueil qui en double les forces, conduit notre pauvre nature à la jalousie, à l'envie, à la rancune, à l'irritation, à la haine, à la vengeance, etc, etc.

Si nous analysons courageusement et sincèrement notre âme, nous serons trop souvent obligées de convenir que les uns ou les autres de ces mauvais sentiments y sont, tout au moins à l'état latent, et qu'une seule défaillance de notre volonté suffirait pour leur permettre de faire irruption dans notre cœur, de le dominer, et en le dominant de l'avilir.

Ces instincts mauvais nous font honte et nous cherchons à ne pas les voir. Funeste erreur : nous devons les combattre, nous devons y porter remède, il faut donc connaître toute l'étendue du mal et en pénétrer même les origines.

Allons loyalement jusqu'au plus intime de notre conscience, et si nous y reconnaissons l'égoïsme, travaillons à le réduire, à le dominer.

Comment arriver à un résultat pratique vis-à-vis d'un sentiment si profondément enraciné ? Nous ne trouverons de remède réel et durable qu'en élevant très haut nos vues et notre cœur.

Dévouement

Ne nous faisons pas d'illusions : en dehors de la charité, il peut y avoir des velléités de dévouement, des semblants *d'altruisme*, mais jamais ce profond et persévérant dévouement qui ne connaît ni temps, ni terme.

Les plus grands bienfaiteurs de l'humanité, Vincent de Paul et tant d'autres, s'oubliaient entièrement eux-mêmes pour le Dieu qu'ils aimaient, et par lui, en lui, pour lui, ils allaient vers le prochain, et leur charité n'avait plus de bornes.

« L'oubli de soi est si grand, a dit Fénelon, que l'amour-propre même veut l'imiter, et ne trouve point de gloire pareille à celle de ne paraître en chercher aucune. » (1)

Oui, le dévouement, l'oubli de soi, est admirable, et, soyez-en sûres, tôt ou tard il trouve sa récompense, même en ce monde.

Ne parlez pas, ne vous effrayez pas surtout de l'obscurité, partage fréquent du dévouement, ni de l'abaissement extérieur qui peut en résulter pour un temps. Plus il se cache, plus il disparaît derrière l'égoïsme d'autrui, plus il est grand et digne d'admiration, et plus un jour il forcera l'estime de tous.

Cette jeune fille dévouée à d'humbles devoirs près d'une mère malade, de frères et de sœurs qu'elle élève,

(1) Avis chrétiens, p. 156.

sacrifiant peut-être pour eux son avenir; cette autre qui renonce aux succès du monde pour faire le bonheur des siens, pour consoler les affligés et apporter partout la paix et la joie, n'ont-elles pas une beauté morale qui s'impose à toutes les intelligences, une bonté de cœur qui attire toutes les sympathies?

XI

Les Effets de l'Égoïsme.

L'avarice, comme la prodigalité, est un effet de l'égoïsme. L'avare veut amasser afin de sentir qu'il possède ; le prodigue dépense sans compter pour sa propre satisfaction. — Avarice et prodigalité

La jeune fille dont le cœur est bon et généreux ne sait ni thésauriser, ni dilapider ; elle pense trop à ceux qui souffrent. — Bon cœur

Voyons la au moment de choisir sa toilette pour une circonstance importante. Elle songe, seule en sa chambre. Sa pension lui donne une entière liberté, que va-t-elle faire ? « Si je vais chez tel faiseur à la mode, ma robe coûtera le double, mais elle aura un cachet de plus, un genre à part. » La vanité arrive : « Tu seras plus jolie, plus admirée. » Mais la raison, mais le cœur font entendre leurs voix, et la jeune fille se dit : « Si je suis raisonnable, si je me contente d'une toilette simple, j'aurai une bonne somme de plus à donner, et je pourrai sauver l'enfant qui souffre là-bas dans sa mansarde,et secourir la pauvre veuve de la rue voisine qui s'épuise pour nourrir ses enfants. »

Entre la vanité frivole et le cœur, il se livre un petit combat : « Ce serait pourtant charmant de dire « ma toilette de chez *un tel*, de passer pour élégante auprès de celle-ci ou de cellelà... Mais ces pauvres gens souffriraient davantage, c'est affreux à penser..... Vraiment, suis-je sur la terre pour faire la roue à la façon d'un oiseau sans cœur ? Non. J'irai chez ma couturière ordinaire, je serai mise comme je dois l'être, mais sans recherche inutile, et le pauvre petit recouvrera la santé, et la mère épuisée aura des soins et des secours. »

Croyez-vous que la charmante enfant, la conscience joyeuse de son sacrifice, ne sera pas plus embellie par le rayonnement de son âme qu'elle ne l'aurait été par le *cachet spécial* imprimé à sa toilette par le faiseur à la mode ?

Mollesse

L'égoïsme entraîne à la recherche exagérée de ses aises et conduit fatalement à une vie molle, inutile, livrée au bien-être et au caprice.

Lorsque l'éducation n'a pas réagi contre le penchant naturel, les enfants deviennent des femmes incapables de se donner aucune peine et qui, en dehors de leur tranquillité et de leurs plaisirs, ne connaissent rien et ne font rien.

On ne saurait trop féliciter celles qui,

grâce à une éducation virile, ont contracté toutes jeunes des habitudes de force et de vaillance précieuses dans la bonne comme dans la mauvaise fortune (1).

Une femme courageuse, ne s'écoutant pas et sachant marcher vaillamment, souffrira moitié moins dans la vie que celle qui portera mollement les fardeaux inévitables.

Eugénie de Guérin dit, au sujet de la santé, des mots fort justes et que beaucoup de personnes devraient méditer : « La santé est comme les enfants, on la gâte par trop de soins. Bien des femmes sont victimes de cet amour trop attentif pour de petites douleurs, et demeurent

(1) Si un jour vous avez la grande mission d'élever des enfants, n'oubliez jamais que de votre énergie dépend l'avenir de plusieurs générations, et ayez le courage de ne pas gâter vos enfants.

tourmentées de souffrances pour les avoir caressées [1] ».

C'est très vrai, et il faudrait se poser comme principe de toujours lutter contre le mal physique et de ne jamais se laisser terrasser par lui sans combat.

A l'heure actuelle, les nerfs jouent un rôle désolant dans la vie de trop de gens. Les Nerfs

Par le fait d'une éducation molle, l'égoïsme croît, la volonté diminue, et les nerfs prennent le dessus.

En face de tout état nerveux, une volonté ferme est nécessaire, mais elle peut, aidée par un peu d'oubli de soi, atténuer et empêcher beaucoup de souffrances.

A la première manifestation, si minime soit-elle, d'agitation, de surex-

(1) Journal, p. 262.

citation, de malaise sans cause définie, il faut se ressaisir vivement, se forcer au calme, penser aux autres, se contraindre au travail, s'occuper coûte que coûte. Avec de l'attention, on verra vite ce qui peut aider à se dominer, et en agissant avec raison et énergie, on s'évitera et on évitera aux autres bien des ennuis.

Dans la jeunesse tout est facile, mais si on laisse se développer les phénomènes nerveux, la lutte deviendra difficile; bientôt elle sera presque impossible, en attendant l'heure où la volonté sombrera dans le naufrage des facultés.

Sauf dans des cas spéciaux, trop fréquents dans ces temps d'alcoolisme, mais relativement rares encore cependant, l'éducation forte et ferme atténue ou domine la prédisposition nerveuse.

Une jeune fille de seize à vingt ans

peut encore beaucoup sur ce point, mais il lui faut du courage.

Elle doit d'abord prendre la ferme résolution de cacher à tous les regards cette misère. Avoir honte de paraître nerveuse c'est être à demi guérie. Elle doit ensuite être convaincue de l'efficacité de la lutte et ne pas redouter le combat. Il ne sera ni trop long ni trop dur, qu'elle se rassure, et toute sa vie, en voyant tant de personnes sous le joug de leurs nerfs, elle se félicitera d'avoir su en triompher.

Sommeil

« Le sommeil excessif, au dire de Platon, n'est salutaire ni au corps ni à l'âme : il est incompatible avec les occupations sérieuses... Quiconque veut avoir le corps sain et l'esprit libre, se tient éveillé le plus longtemps possible, ne prenant de sommeil que ce qu'il en faut pour la santé, et il en faut peu lorsqu'on a su se faire une bonne habitude. »

Mais cettte bonne habitude, qu'elle est difficile à prendre. Quelle lutte terrible de l'esprit contre le corps lorsqu'il faut arracher celui-ci au sommeil ! Un courage peu commun est nécessaire, surtout au commencement, et on peut bien augurer d'une jeune fille qui sait remporter chaque matin une semblable victoire.

Les veilles exagérées sont-elles raisonnables et le sommeil de la nature n'invite-t-il pas au repos ? Dieu ne fait jamais inutilement une loi : en transgressant celle-là, on se nuit à soi-même. Le sommeil du jour, au milieu de l'agitation de la vie, compense-t-il le repos dans le calme universel de la nuit ?

XII

La Fortune et l'Aumône.

Fortune

Si vous êtes entourées de luxe, si la fortune est votre lot, évitez un sot orgueil, une puérile vanité.

Se croire supérieure aux autres parce que l'on peut dépenser davantage, est-ce sensé ?

Cet argent est-il en vous, est-il vous-même, vous donne-t-il une valeur morale plus grande ? Aujourd'hui vous l'avez, demain un autre l'aura peut-être; en tous cas vous mourrez, et votre fortune ne vous suivra pas dans l'autre monde.

La fortune est un don, un prêt plutôt fait à la créature. Elle doit être employée au bien, selon les vues du donateur, et elle ne devrait jamais servir ni de sujet à l'orgueil, ni de prétexte à la sensualité.

La sensualité est difficile à éviter dans

certaines positions, me direz-vous peut-être. Tout semble conspirer pour y jeter : il faut bien avoir une chambre confortable, une nourriture aussi flatteuse pour le goût que détestable pour la santé. Il faut être servie outre mesure, user des parfums à la mode, etc. Il faut bien enfin être de son monde, de son temps, faire comme les autres, que sais-je encore ?

Oui, il faut être de son monde, de son temps ; on doit surtout éviter toute singularité. Mais est-il nécessaire pour cela de s'amollir, de devenir l'esclave de ses aises, de son bien-être, de ses domestiques ?

Avec de l'élévation d'esprit, un peu de noble indépendance d'âme, une jeune fille passera au milieu du luxe sans s'abaisser à en subir le joug.

Elle saura repousser les services inutiles, plus humiliants pour ceux qui les reçoivent que pour ceux qui les rendent; elle ne donnera pas trop au sommeil, elle commandera à son goût comme à sa mollesse, et restera maîtresse chez elle malgré le confort le plus raffiné.

Elle se souviendra que la loi du travail la concerne comme toute créature, et elle verra la forme de travail propre à sa condition dans la sage administration de ce qui lui est confié. Elle évitera les dépenses inutiles, et ne gaspillera rien ; elle aura de l'ordre et pourra, grâce à cette sage gestion, faire large, très large même, la part des pauvres.

L'aumône ainsi faite aura un mérite spécial dont sera toujours dépourvue l'aumône, résultat du caprice ou fruit de la sensibilité naturelle.

Ce qui se dit pour la grande fortune peut s'appliquer à la plus modeste ;

mais il est d'une importance capitale, quand on jouit d'une fortune restreinte, de savoir demeurer dans les limites tracées par la raison, et de ne pas vouloir, à tout prix, imiter ceux qui sont plus riches que soi.

Il est prudent de ne pas rechercher les relations trop élevées ; il est sage surtout de ne jamais laisser son imagination errer vers des genres de vie inaccessibles.

Si la gêne, pour une cause ou pour une autre, se fait durement sentir, soyez courageuses. Souvenez-vous de ce que Mme de Maintenon disait à ses filles : « Il y a plus de noblesse de vivre de son travail et de ses épargnes que d'être à charge à ses amies. » et si vous le pouvez, mettez-vous à l'œuvre. En tous cas, sachez renoncer au superflu, sachez être plus simples que les autres.

Ne pressez jamais vos parents de vous

donner plus qu'ils ne peuvent; ne leur montrez pas vos regrets, vos souffrances. Vous leur feriez une peine extrême et vous pourriez parfois les jeter dans les emprunts, les dettes et les mille misères de la vie d'expédient.

Soyez dignes, n'ayez ni orgueil ni bassesse, et votre position sera belle et honorée. « Il est bien plus noble, dit encore Mme de Maintenon, d'aimer mieux ne porter que des habits de laine que de s'endetter pour en avoir de soie, quand on n'a pas de quoi les payer ; ou, qu'en mettant son argent à s'habiller à la mode, on en manquera pour ses besoins véritables. »

Aumône

L'aumône est une dette payée au maître de toute chose, mais c'est aussi un prêt fait à Dieu. Prêt d'un bien matériel dont capital et intérêts sont remboursables dans l'éternité.

La récompense future est-elle la seule qui soit promise à l'aumône? Non certes. Dès maintenant, le plus souvent, celui qui va vers le pauvre y trouve le centuple de ce qu'il donne.

Une grande âme éprouve une joie profonde en accomplissant une belle action ; un bon cœur est heureux du bonheur qu'il procure ; une âme affligée rapporte de sa visite charitable un adoucissement à sa peine.

Une jeune fille s'ennuie, se plaint, se trouve malheureuse. Envoyez la vers les pauvres, les malades, vers ceux qui souffrent. A son retour, elle comprendra que, si son lot lui semble parfois amer, il en est de plus durs encore, et elle bénira la part qui lui est faite.

Il n'est pas besoin de donner beaucoup pour faire du bien. La simple présence, l'air de bonté, de sympathie, font plus pour certains cœurs ulcérés par les rebuts et les humiliations, qu'une somme considérable envoyée froidement.

Un peu de notre cœur, joint au secours nécessaire, nous ouvrira l'âme du pauvre en même temps que les portes de sa demeure. Une fois là, quel bien nous pourrons faire au double point de vue moral et religieux !

Être bonne, douce, indulgente, patiente. Ne jamais se froisser, ne pas penser à soi. Voir dans les pauvres des âmes libres, des protégés spéciaux de Dieu, et les traiter avec politesse et même avec respect. Ne jamais les humilier ; chercher au contraire à les relever à leurs propres yeux par un mot chrétien inspirant courage sans flatter les passions. Bannir dans ses rapports avec eux la familiarité comme la hauteur ; il faut qu'ils puissent avoir respect et affection pour leurs bienfaiteurs.

Il est sage de ne jamais faire de promesses, de se méfier des flatteurs, de donner peu d'argent directement. Enfin, une jeune fille ne peut et ne doit pas faire de visites de charité sans l'avis de ses parents et sans être accompagnée par une personne sérieuse.

Œuvres

Certaines œuvres facilitent beaucoup aux jeunes filles la pratique du bien. Les patronages, les catéchismes, les ouvroirs, les fourneaux etc., etc. demandent partout aide et secours.

Vous qui avez du temps libre, donnez-le donc généreusement. Allez avec prudence, mais allez avec courage vers ceux qui souffrent trop souvent loin de Dieu, et portez-leur avec votre cœur, avec vos secours, la parole de vie qu'ils attendent peut-être pour connaître la vérité et prendre le chemin du salut.

XIII

La Toilette.

Quand le bien à faire est si grand, quand de si nobles causes sollicitent votre concours, laisserez-vous la futilité envahir votre esprit, et gaspillerez-vous votre vie dans de petites vanités indignes d'une âme élevée?

Une jeune fille doit s'occuper raisonnablement de sa toilette, car il lui faut être mise avec goût ; mais ce qu'elle doit éviter, c'est de concentrer ses facultés sur cet unique objet, et de mettre la frivolité au-dessus du sérieux de la vie, au-dessus du devoir.

Être esclave de sa toilette, n'est-ce pas honteux pour un être intelligent ?

Et pourtant combien de jeunes filles, dominées par cette puérile vanité, n'ont qu'une pensée, s'habiller, une ambition être élégantes.

Quelle valeur vous donnent, en vérité,

ces robes aux prix insensés, ces chapeaux merveilleux sans cesse renouvelés, ces toilettes dont les combinaisons savantes absorbent votre temps ?

Pauvres poupées de luxe, à quoi serez-vous bonnes, je vous le demande, quand il s'agira d'accomplir dans la vie la grande mission qui sera la vôtre.

Il est profondément triste de voir un être raisonnable, ayant parfois une valeur réelle, atrophier ses facultés, éteindre en soi la lumière, enterrer vivante son intelligence sous des chiffons et des futilités insipides.

Si certaines femmes ne sont que des nullités n'inspirant ni respect ni confiance ; si tant de qualités intellectuelles et morales ne sont chez elles qu'à l'état latent ou rudimentaire, c'est que, trop souvent, elles se sont paresseusement et vaniteusement enfouies toutes jeunes dans la toilette et la frivolité.

L'amour excessif de la toilette use les facultés sur des choses vaines, empêche la raison de tenir sa place, ne laisse pas à l'intelligence la possibilité de se développer, habitue à l'égoïsme, conduit à la vanité, et rend la vie inutile et dangereuse.

Il n'y a plus de temps pour rien de sérieux. Devoirs de famille, tenue de la maison, tout est subordonné à l'essayage d'une robe, au choix d'un chapeau, et la couturière, la femme de chambre, la modiste, deviennent les vraies maîtresses de la vie.

Une sage modération vous épargnera beaucoup de mécomptes, soyez-en certaines, et vous évitera même bien des dangers. La passion de la toilette peut mener une jeune femme plus loin que vous ne pensez : quand il faut être la plus élégante, combien les compromissions avec la conscience sont à craindre !

L'excès des dépenses de toilette est pour certaines familles une cause de discussion, de gêne, et parfois même de ruine. On veut être comme celle-ci ou celle-là, et l'on prend l'air si malheureux, quand on ne devient pas insupportable, que de pauvres parents trop faibles accordent tout. Qu'arrive-t-il alors ? La mère se prive du nécessaire; le père emprunte ou se lance dans la spéculation.

On ne veut plus aujourd'hui admettre de supériorité; une certaine égalité doit régner dans les toilettes comme partout. Ce n'est pas plus sage là qu'ailleurs.

Qu'une jeune fille très riche dédaigne la simplicité, peu importe. Elle a mauvais goût, voilà tout. Mais que celle dont la position est plus modeste ait donc assez de raison pour demeurer dans de justes bornes; elle y gagnera sous tous les rapports.

La mode

La grande excuse qu'invoquent les femmes trop occupées de toilette, c'est la nécessité de suivre la mode.

Hélas ! j'en conviens, afin de n'être pas remarquée, il faut bien s'en rapprocher quelque peu. Mais est-il nécessaire de la suivre en tout, de courir après, d'employer à cette sorte de chasse un temps si considérable ?

La mode, comment résister au désir de faire son procès. Souvent sotte et ridicule, toujours elle est changeante. Qui donc l'assagira, qui en fera un être raisonnable et judicieux choisissant ce qui est utile et bannissant ce qui est nuisible ?

La toilette, la mode, quels sujets de conversations intarissables pour certaines personnes ! Parlez-en quelquefois entre vous, très bien, mais de grâce, n'en saturez pas les oreilles des gens intelligents qui vous entourent.

Que votre toilette montre votre bon goût, mais que votre langue laisse ignorer toute la peine qu'elle a pu vous donner. Nous aimons, en admirant un tableau, à n'y pas sentir le travail et l'effort ; il en est de même pour la toilette, le résultat seul nous est agréable.

Les robes du soir demandent une mention spéciale. C'est un point délicat sur lequel une grande attention est nécessaire, car il s'agit de ne jamais céder à l'entraînement et de demeurer toujours dans la note qui convient. Cette note doit être sévère, ne l'oubliez jamais, et quand dans une soirée vous voyez une femme plus stricte que vous, craignez de ne l'être point assez.

Méfiez-vous des surprises du dernier moment quand une toilette arrive tard, et sachez sacrifier un plaisir, un succès, plutôt que de risquer de n'être pas comme vous devez être.

Si l'amour excessif de la toilette est désolant, la négligence, le mauvais goût, le manque de soins sont très blâmables. « Négligence pas plus que coquetterie ne conviennent à une femme chrétienne », écrivait déjà Saint Jérôme. Bon goût

Il ne faut pas craindre de le dire bien haut, de le répéter sans cesse, une jeune fille doit toujours être habillée avec soin, avec goût et ne jamais se permettre le moindre laisser-aller.

Soyez aussi simples que vous voudrez, mais n'ayez ni taches ni déchirures, et surveillez de près agrafes et fermetures quelconques, afin qu'aucune ne manque jamais à l'appel.

La propreté est une vertu opposée à la paresse ; c'est en même temps une pratique de charité envers le prochain.

Nulle toilette, si élégante soit-elle, ne charmera si elle n'est accompagnée de propreté.

Écoutons Saint François de Sales nous dire en son naïf langage : « Soyez propre, Philothée, et qu'il n'y ait rien sur vous de déchiré et de mal arrangé. C'est au mépris de ceux avec qui l'on converse que d'aller parmi eux avec des habits qui peuvent leur donner du dégoût », et il ajoute : « Pour moi, je voudrais qu'un homme dévot, qu'une dévote, selon mon idée, fussent toujours les mieux habillés de la compagnie, mais les moins pompeux et les moins affectés, et qu'ils fussent, comme il est dit dans les Proverbes, ornés de grâce, de bienséance et de dignité. »

La véritable mesure en toilette est difficile, j'en conviens, mais une jeune fille qui a du tact y parviendra et saura merveilleusement, la plupart du temps, saisir cette note simple et gracieuse qui charme les regards.

XIV

L'Ordre et la Minutie.

L'ordre n'est que le maintien de l'harmonie entre toutes choses. Ordre

L'harmonie est le cachet divin imprimé à la création, c'est l'unité dans la diversité. Elle règne partout dans la nature, pourquoi ne la conserverions-nous pas en nous et autour de nous ?

Le désordre est un fruit de la déchéance, un renversement ou une altération de l'ordre établi par le Créateur.

Vouloir sortir de l'ordre, au point de vue moral, c'est prendre une voie périlleuse conduisant à l'abîme et au malheur.

Ne pas savoir mettre de l'ordre dans sa vie, c'est s'exposer à toutes les misères, à toutes les souffrances.

Et pourtant, combien de femmes vivent au gré de leurs caprices, se laissent entraîner par les circontances et ne savent ni ordonner ni gouverner leur vie ! Qu'en résulte-t-il ? Des soubresauts continuels, des agitations inutiles, des années livrées à la fantaisie, des forces éparpillées aux dépens du développement personnel et des devoirs de famille !

Ce qui s'applique d'abord au monde moral et aux grandes lignes du monde matériel, doit aussi nous servir de guide dans la vie ordinaire et dans les plus humbles détails du moindre gouvernement.

Une journée, une maison, une chambre, un budget, ne doivent jamais être laissés sans organisation, sans ordre, sous peine de mille inconvénients plus ou moins graves.

L'ordre met chaque chose à sa place. Les affaires les plus importantes passent d'abord, mais les moindres ne sont pas négligées.

Minutie La minutie n'est pas l'ordre ; elle en

est la parodie et parfois même elle l'exclut. On voit des hommes, minutieux à l'excès dans les comptes de chaque jour, ne pas savoir équilibrer un budget, et sombrer sans s'être doutés du mauvais état de leur fortune.

Evitez la minutie, elle dégoûte de l'ordre et ne sert qu'à diminuer l'intelligence et le cœur, mais appliquez-vous à voir les grandes lignes et les détails importants dans tout ce qui dépend de vous.

Si vous avez une pension, faites votre budget, voyez ce que raisonnablement vous pouvez ou devez consacrer chaque année à la toilette, aux cadeaux, à la charité.... puis agissez en conséquence. Calculez avant de faire une dépense si elle n'excédera pas la somme prévue et sachez, au besoin, ne pas aller trop loin.

Beaucoup de jeunes filles sont raisonnables quant à l'emploi de leur argent, mais ne savent pas conserver ce qu'elles ont : une ombrelle neuve est jetée dans une antichambre où chacun la bousculera ; le chapeau de la saison, avec ses fleurs fines et délicates, est laissé sur un meuble quelconque attendant l'heure où une femme de chambre le rangera tant bien que mal ; la robe fraîche est gardée pour un rangement, une occupation pouvant la ternir, et que sais-je encore ? Et bientôt ces objets fragiles semblent vieillis et fanés..... Moins d'étourderie, plus de soins; et vous serez mieux mises et à moins de frais.

Combien de jeunes filles se plaignent de l'exiguïté de leur chambre, du peu de place laissée à leur disposition ! Approchons, regardons : tout est pêle-mêle, déplié, jeté n'importe comment. Il n'y a place pour rien, c'est évident. Et pourtant... qu'il y a peu de choses !

Telles autres se lamentent de ne jamais rien trouver. Elles se fâchent, *tempêtent* contre tout le monde, accusant et celle-ci et celle-là d'avoir pris gants, livre, et le reste. Et finalement, le lendemain, elles sont tout étonnées : l'objet en question se trouve en tel endroit où... elles se souviennent fort bien de l'avoir laissé la veille !

L'amour de l'art n'exclut pas l'ordre : la symétrie à outrance, les petitesses de la minutie pourront être rejetées avec horreur, mais l'ordre nécessaire à l'harmonie sera compris et voulu de tous ceux qui ont vraiment le sens du beau.

XV

La Vanité et la Pose.

La vanité, ce besoin de se mettre en avant, de se faire remarquer et admirer est naturel à la créature humaine, mais qu'il est peu digne d'un être intelligent et qu'il prouve bien la déchéance de sa nature ! Vanité

Nous sentons nos misères et nous voulons sembler n'en pas avoir. Nous avons conscience de notre faiblesse et nous cherchons à nous montrer forts. Nous comprenons que nous sommes faits pour le bien et nous voulons paraître ce que nous n'avons pas le courage d'être.

Parfois le vaniteux va plus loin encore : par une aberration inouïe, ne pouvant trouver le succès dans le bien qu'il ne veut pas faire, il le cherche dans le mal, dans l'extravagant, dans le ridicule. Il veut être remarqué avant tout : en bien si c'est possible, mais si cela ne l'est pas, il faut qu'il soit remarqué quand même.

Dans la jeunesse, la vanité se montre plus naïvement que dans l'âge mûr : elle est très curieuse à observer dans l'un et l'autre cas.

La pose, la manière d'être, la façon de remuer, de parler, d'agir, la timidité, l'assurance, autant d'occasions d'études.

Telle jeune fille aura de la vanité pour sa figure, son chapeau, sa toilette ; telle autre posera pour l'originalité, l'esprit, le dédain de la futilité.

Celle-ci, pour devenir comme l'amie à taille mince et flexible, se serrera à s'étouffer sans songer, pauvre enfant, qu'elle peut bien nuire à sa santé, mais non se donner la grâce qui lui manque.

Celle-là, au teint pâle, envie les couleurs fines d'une amie et demande au pinceau de lui venir en aide, sans penser que ses artifices seront découverts et tourneront à sa confusion.

Telle autre décolore ses cheveux à la grande joie de tous, car c'est un fait que la vanité trouve son premier châtiment dans la moquerie.

Étudions une vaniteuse devant son miroir. Elle arrange ses cheveux, examine tous ses traits... Comment faire pour paraître mieux, pour dissimuler tel défaut, pour mettre en évidence tel agrément ? Si elle est satisfaite de sa tête, elle cherche quel geste lui donnera de la grâce, quel sourire montrera ses dents, quelle pose lui sera avantageuse... Et elle perd ainsi un temps considérable, et pour aboutir à quoi ? A se rendre presque toujours moins bien, à diminuer en elle les grâces que la nature y avait mises.

Le miroir fait plus de mal que de

bien ; il ôte simplicité et naturel et nourrit sottise et vanité. On ne devrait s'en servir que pour la bonne harmonie de la coiffure et de la toilette.

La vaniteuse s'occupe de l'effet à produire, et fort peu d'être ce qu'elle veut paraître. Est-ce raisonnable ?

Si nous voulons être considérées et admirées, travaillons à mériter de l'être ; alors seulement nous pourrons nous réjouir équitablement de le paraître.

La pose

La pose est un des effets les plus ridicules de la vanité. La jeune fille poseuse n'est plus une femme douée de charme et de grâce, mais la plate copie d'une personne à la mode, la sotte incarnation de tel défaut, de tel ridicule de son temps.

Un genre de pose particulièrement agaçant consiste à ne pas vouloir rester française d'allure et de langage, et à aller demander aux pays étrangers un soi-disant *chic*, un soi-disant *genre*. Notre race a ses défauts, certes, mais gardons son élan, sa générosité, sa noblesse de sentiment, sa grâce et son charme, qualités que personne ne lui conteste et que beaucoup lui envient.

Le désir de plaire trouve sa place ici : ses mobiles sont, pour la plupart des jeunes filles, la vanité, l'amour-propre, le désir de primer. **Désir de plaire**

On veut être regardée, admirée, courtisée, flattée. On se pose en idole et on aime bien l'encens et les fleurs.

A quelles petitesses, à quelles manœuvres sottes ou coupables ne se livre-t-on pas, parfois, pour obtenir un succès, pour être plus entourée, plus fêtée que certaines autres... Et quel enivrement, quelle folle joie quand dans un bal, dans une réunion, l'idole aura été encensée !

Et pourtant, ces adorations apparentes ne cachent-elles pas bien des moqueries, bien des dessous qui n'ont rien de flatteur ?

Pour voir la vérité, il faut cesser de se considérer soi-même et reporter son esprit à ce que, cent fois, on a entendu dire des autres.

Soyez-en certaines, lorsque vous êtes le plus choyées c'est alors que vous êtes le plus dénigrées, et parfois, hélas ! par ceux mêmes qui vous flattent.

Une jeune fille doit tenir à sa réputation et chercher à être le mieux possible, c'est dans l'ordre et ce peut être utile pour son avenir. Mais courir après les vains et inutiles succès, c'est folie, et folie souvent nuisible.

Telle jeune fille très entourée dans le monde, et que des parents imprudents ont poussée prématurément dans un véritable tourbillon, aura des années de joie folle et d'ardente espérance. Puis un beau jour, le désenchantement viendra, les danseurs se fatigueront, les admirateurs chercheront ailleurs plus de dot et plus de tenue, et la pauvre enfant restera seule pleurant ses illusions et regrettant les années perdues. Combien de temps il lui faudra, en admettant qu'elle puisse y parvenir, pour reprendre à la vie sérieuse et se faire une existence nouvelle?

XVI

LES DONS EXTÉRIEURS

La beauté est un reflet de la perfection infinie et un don de Dieu, il est donc légitime de l'admirer. Beauté

Si une jeune fille en fait un bon usage, il est heureux pour elle de posséder cette beauté qui charme et attire. Mais, hélas ! ce don a tant d'éclat que trop souvent il trompe et enivre.

Une femme très belle devient facilement à ses propres yeux une sorte de divinité; elle perd la notion du vrai, ne considère plus qu'elle-même, et s'absorbe dans la contemplation de son être.

Que reste-t-il pour Dieu, le devoir, le prochain ? Elles sont à plaindre les familles qui ont l'*honneur* de posséder des beautés de ce genre. Mieux vaudrait pour elles moins de brillant et plus de dévouement.

Dans certains milieux, même sérieux, on attache une trop grande importance à la beauté. On en parle comme du seul don enviable, sans lequel tout est perdu pour une jeune fille.

Tout d'abord, ces idées sont fausses : une femme peut être très heureuse sans beauté, et bien des femmes fort belles ont été très malheureuses. Le bonheur n'étant pas attaché à ce don, il n'est pas vrai de dire que tout est perdu, humainement parlant, quand on ne le possède pas.

Un grand inconvénient de cette manière de parler, c'est de développer la frivolité dans les âmes en faisant priser trop haut un avantage purement extérieur. De plus, c'est mettre la vanité au cœur de celles qui sont jolies, et c'est causer un vrai chagrin à celles qui sont dépourvues de cette beauté trop vantée.

« Il est aussi déraisonnable, disait

Fénelon, de s'attacher uniquement à la beauté que de vouloir mettre tout le mérite dans les forces du corps comme le font les peuples barbares et sauvages. »

Platon place la santé avant la beauté, et n'a-t-il pas raison ? Cependant, ne voit-on pas quelquefois de pauvres enfants sans expérience compromettre leur santé, comme à plaisir, pour tenter de s'embellir ?

Si elles savaient ce qui les attend et combien, plus tard, elles regretteront amèrement leur folie d'aujourd'hui!

Ne serait-il pas plus sage de moins poursuivre la beauté, toujours éphémère, et d'orner l'âme dont le rayonnement embellit à tout âge la physionomie.

« La vertu, dit Clément d'Alexandrie, brille comme une fleur sur les corps qu'elle habite et les revêt d'une douce et pure lumière. » — « Elle est, dit à son tour sainte Thérèse, le moyen le plus sûr d'acquérir de l'ascendant et d'exercer de l'empire sur les cœurs. »

Ces paroles sont très vraies : l'empire donné par la beauté n'est ni sérieux ni durable ; celui que donnent les qualités morales est rempli de grandeur, de force et de durée.

Absence de beauté

Si la beauté vous manque, ne vous affligez donc pas. Élargissez votre esprit, votre âme, et votre part sera bonne.

Soyez simples, sans prétention ; ne pensez pas à votre physique, allez tout bonnement. Surtout ne jalousez ni ne dénigrez jamais celles qui sont plus belles que vous.

Laideur

Si vous êtes franchement laides, ayez le courage de le reconnaître et tirez parti de la situation avec esprit, laissant comprendre, à propos, que vous ne vous faites pas illusion sur vous-mêmes.

Évitez les modes hasardées, les couleurs voyantes, tout ce qui attire les regards. Rien ne déplaît comme les prétentions et les élégances maladroites de certaines femmes laides qui soulignent ainsi leurs défectuosités, et semblent appeler elles-mêmes les dénigrements et les moqueries.

Peut-être, dans votre propre famille, aurez-vous des ennuis à supporter, des regrets à entendre. Ayez du courage. Mettez-vous au-dessus de la vanité. Développez votre intelligence, ayez un caractère égal, et soyez certaines que, si vous parvenez à être désoccupées de vous-mêmes, tous voyant la beauté de votre âme et la bonté de votre cœur, oublieront vite les irrégularités de votre visage.

XVII

Les Faiblesses de l'esprit.

La susceptibilité est un mélange d'amour-propre et de faiblesse d'esprit ou de caractère. Elle met dans une crainte perpétuelle d'avoir été lésé, elle fait voir des intentions blessantes là où il n'y avait pas ombre de malice. Suceptibilité

Le jugement téméraire est son fruit nécessaire : le susceptible toujours en éveil, toujours en recherche à l'égard des paroles, des intentions, des actes du prochain, arrive à juger mal ses plus chers amis. « Il faut bannir de l'âme, nous dit un philosophe de l'antiquité, toute conjecture, source d'injustes colères. Un tel m'a salué peu poliment ; tel autre m'a embrassé avec froideur ; celui-ci ne m'a pas invité à son repas ; le visage de cet autre m'a paru peu gracieux. Jamais les prétextes ne manquent aux soupçons : voyons plus simplement les choses et jugeons avec bienveillance. (1) »

Donnons aux paroles leur sens positif, prêtons aux actions les intentions droites et simples, et si des insinuations malveillantes et susceptibles se présentent à notre esprit, glissons, passons notre chemin, sans leur donner le temps de prendre corps.

N'écoutons jamais ceux qui semblent prendre à tâche, sous couleur amicale, de venir nous faire comprendre ce que le prochain pense de nous. Fermons résolument notre oreille à toute parole imprudente ou méchante, et montrons notre résolution arrêtée de ne pas connaître les mauvaises intentions, les mauvais procédés que l'on peut avoir à notre égard.

(1) Sénèque, traité de la colère.

La susceptibilité rend très malheureux. Celui qui s'applique à acquérir une sage indifférence par rapport à ce que font ou disent les gens, s'évite bien des souffrances et bien des combats.

La jalousie est une tendance à croire que les autres vous sont préférés et un vif sentiment de chagrin de l'affection qui leur est donnée. Elle vient de l'égoïsme et de l'orgueil : on veut tout pour soi, tout pour la satisfaction de son cœur ou de son amour-propre. Jalousie

La jeune fille dominée par cette passion devient méchante. Elle se réjouit des souffrances, des fautes même de ceux qu'elle jalouse, et peut en venir, parfois, à travailler elle-même à leur malheur !

L'envie est un chagrin du bien qui Envie

arrive au prochain provenant du désir plus ou moins conscient de voir toutes choses converger vers soi seul. On dirait que l'envieux souffre du bonheur d'autrui comme si ce bonheur lui était enlevé à lui-même, et qu'il jouit de la souffrance des autres comme se sentant à l'abri de la même peine. Quel égoïsme bas et cruel !

De l'envie et de la jalousie procèdent ces affreux sentiments qui enveniment toutes les paroles et rendent coupables les moindres actions.

Dénigrements malins, compliments perfides, manœuvres déloyales, petites vengeances cruelles... Que tout cela est méprisable ! Il vaut mieux n'en pas parler.

Afin que ces petitesses n'effleurent même pas vos âmes, ne laissez jamais un sentiment envieux ou jaloux envahir votre cœur. Souvenez-vous qu'il est plus facile d'empêcher l'ennemi d'entrer dans la place que de l'en déloger.

La curiosité, ce désir de tout savoir et de tout voir, ce besoin de connaissances nouvelles est bon quand il pousse vers le beau et le bien ; il est funeste quand, s'orientant vers les contraires, il ne sert plus qu'à fournir un aliment à nos plus mauvais instincts. Curiosité

Il est légitime d'étendre ses connaissances, de s'ouvrir des horizons nouveaux et les efforts faits en ce sens doivent être loués toutes les fois qu'ils n'excèdent pas la mesure, c'est-à-dire qu'ils ne font négliger aucun devoir positif.

Il ne faut pas redouter la curiosité, il faut seulement la tenir dans les limites tracées par la sagesse et lui interdire une folle liberté.

Une jeune fille doit être très prudente sur ce sujet, et faire surtout une extrême attention à qui elle adresse des questions.

Les personnes sérieuses, sages, discrètes, connues pour leur raison et leur vertu, celles qui ont mission de vous conduire ou de vous aider dans la vie, sont les seules que vous puissiez interroger sans crainte.

Évitez les questions et les confidences aux autres jeunes filles, aux jeunes femmes surtout, peut-être. Ces dernières ont peu d'expérience, et avec la meilleure intention, en admettant qu'elles l'aient, elles peuvent être fort imprudentes. De plus, rappelez-vous que l'amie mariée n'est plus seule, et tenez-vous pour certaines que, presque toujours, vos paroles seront répétées, commentées..... et dans quel sens ?

Lire de mauvais livres, des livres interdits, des journaux légers, des brochures suspectes, quelle curiosité coupable ! Toute jeune fille raisonnable doit absolument la réprimer et ne jamais se laisser entraîner sur une pente fatalement dangereuse.

Pour combattre la curiosité frivole, il devrait suffire de donner à son esprit un aliment sérieux. La littérature, l'histoire, tels ouvrages intéressants et remarquables, tels sujets d'actualité, n'offrent-ils pas plus d'intérêt que les gestes de Mlle X. ou les habitudes de Mme Z.

Rien n'est vide, sot, insipide comme la personne qui passe son temps à s'inquiéter de ce que font et ne font pas ses voisins et ses connaissances. Sa conversation n'est qu'un ennuyeux babillage quand elle ne devient ni coupable ni pernicieuse.

Babillage.

Parler sans savoir ce que l'on dit,

sans avoir réfléchi et débiter des niaiseries interminables, c'est être une vraie calamité pour le prochain et c'est montrer tout de suite les bornes de son esprit.

Un sage a dit : « N'ouvrez pas votre bouche plus facilement que votre bourse ». On serait tenté de le crier bien fort à tant de bavards qui encombrent le monde et le rendent si souvent insipide ou odieux !

Évitez les causeries sans fin, les babillages inutiles ; ils épuisent l'esprit ou tout au moins le laissent vide. Réfléchissez avant de parler. Songez que vous n'êtes pas un stupide phonographe, et que la parole vous a été donnée pour exprimer vos pensées. Ayez donc des pensées avant de parler, et faites un triage raisonnable de celles qui peuvent sans danger être mises en circulation.

Parler trop, c'est toujours perdre son temps, c'est souvent blesser la vérité et la charité, c'est parfois manquer de prudence et s'exposer à la raillerie : « Il est difficile de parler beaucoup sans dire des sottises » disait Mme de Maintenon, et chaque jour nous pouvons constater la vérité de ces paroles.

Que de jeunes filles douées de vraies qualités se font tort, comme à plaisir, par un babillage ridicule, ou font un mal réel dans la famille et dans la société par un *bavardage* inconsidéré !

Habituez-vous à peu parler et à beaucoup réfléchir avant de le faire. Cette question est extrêmement grave : un grand mal ou un grand bien devant résulter des paroles que vous prononcerez dans le cours de votre vie.

Examinez sérieusement quel est votre côté faible sur ce point, et portez-y remède sans tarder. A votre âge, toute guérison est possible, même celle de la langue.

Lorsque vous êtes avec des personnes sérieuses, sachez vous intéresser à la conversation ; gardez-vous d'en rabaisser jamais le niveau, efforcez-vous plutôt d'élever votre esprit, s'il en est besoin.

N'interrompez jamais : savoir écouter est un rare talent, une preuve d'intelligence et de jugement.

Généralement celui qui sait écouter sait causer. Il dit à propos le mot qui ouvre des horizons ou qui excite l'esprit des interlocuteurs. Ce qu'il fait pour autrui rejaillit sur lui-même et « du choc des idées naît vraiment la lumière. »

Peu de gens savent causer, pourquoi ? Pour savoir causer, il faut savoir écouter, et pour savoir écouter il faut savoir s'oublier soi-même un instant.

Discrétion

La discrétion : garder pour soi un secret et savoir ne pas colporter une nouvelle ; recevoir des confidences et s'en servir seulement pour consoler, aider, remonter, ceux qui les font... Qualité précieuse et pourtant bien rare !

La légèreté, la vivacité, l'habitude de parler sans réflexion sont des causes trop fréquentes d'indiscrétion. Sans mauvaise volonté, sans penser à mal, on dit à tort et à travers tout ce que l'on sait, même les secrets confiés, et un mal réel en résulte trop souvent.

De plus une seule indiscrétion, si légère semble-t-elle, peut enlever pour toujours la confiance.

Ce n'est pas à celui qui reçoit un secret de juger s'il doit être scellé, mais à celui qui le confie.

XVIII

La Noblesse de l'âme.

Droiture

Avoir de la droiture, de la sincérité, de la franchise, c'est noble et beau, et rien n'attire plus les âmes ni ne retient plus les cœurs.

A coup sûr la franchise ne consiste pas à tout dire et il est beaucoup de choses qu'il faut taire pour soi-même et pour le prochain. Jeter brutalement à la tête de chacun le mal qu'on peut en penser, c'est manquer de charité ; dire sans restriction tout ce que l'on sait, c'est au moins manquer de prudence.

Mais il faut agir avec simplicité, droiture, loyauté, et chercher à conformer autant que possible ses paroles avec ses pensées.

« Qu'y a-t-il de plus doux et de plus commode, a dit Fénelon, que d'être sincère, toujours tranquille, d'accord avec soi-même, n'ayant rien à craindre, rien à inventer. Au lieu qu'une personne dissimulée est toujours dans l'agitation, dans le remords, dans le danger, dans la déplorable nécessité de couvrir une finesse par cent autres. » (1)

Il est une finesse basse et lâche qui consiste à se mettre à couvert, à prendre le beau rôle et à donner ses torts aux autres. On a un défaut, on le jette ouvertement, bruyamment à la face du prochain, et les assistants confondus, trompés, égarent leur jugement.

Certaines personnes dissimulées ne peuvent être connues que par ce dont elles accusent autrui : ces idées, ces intentions qu'elles prêtent gratuitement, où les ont-elles trouvées si ce n'est dans leur propre nature ?

(1) Éducation des filles, p. 130.

Quelques autres sauront présenter leurs défauts comme des qualités, et auront un vrai don de persuasion grâce à un air de franchise dissimulant habilement leur pensée. Elles iront plus loin encore si leur intérêt le demande, elles arriveront à montrer le prochain comme rusé, dissimulé, ayant des intentions, des dessous qu'il n'aura jamais eus, et par ce moyen perfide, elles parviendront à isoler de toute influence ceux qu'elles voudront dominer.

Ces âmes basses et tortueuses sont rares en France ; elles y font horreur. Elles doivent aussi faire pitié ; il est impossible qu'elles soient heureuses. Condamnées à une perpétuelle contrainte, il leur faut veiller sans cesse ; habituées à prêter aux autres mille mauvais sentiments, elles sont susceptibles à l'excès et souffrent de maux qu'elles mêmes se forgent.

L'âme droite, au contraire, est toujours dans le calme et dans la paix. Ses intentions sont sincères, ses paroles empreintes de franchise. Elle ne veut jamais tromper, et si elle-même se trompe, elle est prête à le reconnaître et à l'avouer. Elle ne craint rien, pas même le regard de Dieu, car tout est loyal dans ses pensées comme dans sa vie.

Il est un petit ridicule que se donnent certaines jeunes filles. Elles s'appliquent à paraître indifférentes à tout, au-dessus de tout en quelque sorte, refusant un plaisir, simulant du dédain pour ce qui leur tient au cœur. Que veulent-elles ?... Poser, se donner un genre, se faire remarquer, se faire prier. Ces petites manœuvres sont-elles dignes d'un noble caractère, et ne vaut-il pas mieux plus de simplicité, plus de franchise dans toute sa manière d'être.

XIX

Le But de la vie.

« Je crois qu'un écueil assez ordinaire aux jeunes personnes, disait Mme de Maintenon, c'est de compter sur une pénitence à venir qu'elles ont le dessein de faire un jour après s'être donné du beau temps ; elles se flattent que Dieu, comme à certains saints, leur fera la grâce de se convertir et qu'elles deviendront saintes à leur tour. Mais, hélas ! que le nombre de ces heureux pénitents est petit, et que celui des pécheurs qui ont compté sur la pénitence et sont morts malheureusement sans avoir eu le temps de la faire, est innombrable ! » (1)

Conversion

La jeunesse voit la mort, elle la rencontre à chaque pas, mais la mort lui

(1) Instructions aux demoiselles de Saint-Cyr, t. II, p. 77.

semble le lot des autres et non le sien. Dans l'avenir, bien loin... elle l'entrevoit et frémit, mais dans le présent, ce n'est pas pour elle !

Si parfois une amie meurt, si une jeune vie est brisée prématurément à ses côtés, elle a quelques instants d'angoisses, mais les heures passent et tout est oublié.

Et pourtant, chaque soir en s'endormant, sait-on si l'on se réveillera le lendemain ? Comme il serait plus sage de vivre dans la vérité, et de se dire quand vient l'heure du repos : « Un jour, couchée ainsi sur mon lit de mort, que voudrais-je avoir fait de ma vie ?... Tout ce que j'aime aujourd'hui disparaîtra à mes yeux ; tout ce qui me semble bonheur ou malheur sera passé pour toujours ; je ne verrai plus que Dieu... et bientôt il sera mon juge. »

Non, il ne faut pas attendre, il ne faut

pas remettre à plus tard la vie sérieuse: ce plus tard sera-t-il à nous ?

Pourquoi hésitons-nous, pourquoi reculons-nous ? Parce que notre amour n'est pas en haut, mais en bas ; parce qu'il est concentré sur nous-mêmes, sur notre amour-propre, notre orgueil, notre vanité, quand il ne l'est pas sur des jouissances plus basses.

Nous nous cherchons nous-mêmes, et nous errons de longues années dans des chemins difficiles qui ne conduisent qu'à la désillusion et au remords.

Songeons souvent à ces paroles de Saint Augustin : « Dieu a bien pu me créer sans moi, mais il ne peut me sauver sans moi », et ayons du courage pour marcher avec vaillance vers le but suprême.

Que notre piété soit bien entendue, raisonnable, intelligente ; la base de la

Piété vraie

vraie piété est le sacrifice, son essence est la victoire sur soi-même, ne l'oublions pas.

Ne transigeons jamais avec le devoir, mais en dehors du devoir, sachons faire joyeusement tous les sacrifices utiles au bien du prochain.

Notre piété doit être simple, sans affectation, sans exagération. Méfions-nous de l'ostentation aussi bien que du respect humain ; l'un et l'autre procèdent de l'amour-propre. Soyons ce que nous croyons devoir être et ne nous préoccupons pas de ce qu'on pourra dire de nous.

Ayons de la droiture : allons vers Dieu avec une conscience sans détour. Simplifions notre esprit, notre cœur, redressons nos voies afin que rien ne se trouve entre Dieu et nous.

La piété doit gouverner notre vie ; elle est le dévouement à Dieu, et non un vêtement dont on se pare. A quoi sert d'aller au sermon, au salut, si au sortir de l'église la mondaine se retrouve, ou plutôt continue sa vie frivole, car l'a-t-elle quittée en entendant le prédicateur à la mode, en assistant à une cérémonie où le public était *select?*

Le jour où le duc de Bourgogne voulut embrasser la vie chrétienne, il prit tellement sur son caractère emporté qu'il ne fut plus reconnaissable. Voilà une piété non suspecte qu'on peut admirer franchement et qu'il faut s'efforcer d'imiter.

Ne disons pas à Dieu notre amour en un langage vague, mais prouvons-lui cet amour en sacrifiant courageusement au devoir les révoltes et les faiblesses de notre nature.

La piété uniquement sentimentale mène à l'aveuglement : on se fie à quelques effets d'imagination, à un attendrissement physique, et l'on oublie de chercher à se connaître, on oublie de se dominer. La piété ne consiste pas à avoir des mouvements de sensibilité mais à se vaincre soi-même. C'est dans la volonté qu'elle doit résider d'abord, car c'est là que se décide le sacrifice.

Ne mettez pas de légèreté dans votre piété ; ne faites pas beaucoup aujourd'hui et peu demain. Soyez fidèles à ce que vous vous serez imposé et pour cela ne vous surchargez pas de petites pratiques. Évitez avec soin ces habitudes pieuses qui dégénèrent en manies et deviennent la terreur des familles. Aimez les offices de l'Église, les prières liturgiques, les Psaumes, l'Évangile, et votre piété ainsi nourrie sera ce qu'elle doit être, vraie et forte.

La piété ne doit être ni gênante ni ennuyeuse pour le prochain : ce n'est pas lui qui doit mériter, c'est nous. Sachons donc ne pas occuper les autres de nos dévotions et de nos œuvres.

Nous ne devons pas être estimées pour notre piété, mais pour les qualités qu'elle développe en notre âme.

Ne nous préférons jamais à celles dont la piété semble au-dessous de la nôtre ; leurs luttes et leurs victoires intérieures peuvent les mettre très au-dessus de nous.

La piété doit être grande, large, jamais mesquine ni rapetissante ; elle repose sur le sacrifice et le sacrifice est toujours grand.

Soyons bonnes, encore bonnes ; jugeons avec bienveillance ; ne dénigrons jamais. Imitons Dieu pardonnant toujours et sachant attendre le triomphe de la vérité.

Soyons joyeuses ; pour cela mettons notre bonheur très haut et laissons en bas les petitesses, les misères, les tristesses de la pauvre nature humaine.

Il est difficile d'en arriver là et bien des chutes viendront, peut-être, vous humilier dans le chemin, mais courage toujours.

Courage encore si autour de nous les contradictions surgissent, si nos actes sont dénaturés, faussés, si nos efforts sont comptés pour rien. Le monde n'a pas même l'idée de combattre, mais il voudrait voir ceux qui entreprennent la lutte victorieux du premier coup. Laissons-le dire, ayons confiance ; le Créateur vaut mieux que la créature.

Ayez une piété intelligente : « Il y a des gens, disait saint Jérôme, qui croient pouvoir couvrir l'ignorance par la piété » et il s'élevait vivement contre cette idée fausse, indigne de Dieu et de l'âme. « L'âme du fidèle, ajoutait-il, est un temple où doit habiter Jésus-Christ. Il faut orner ce temple pour le rendre digne d'un tel hôte. » Oui, il faut travailler toute sa vie à orner ce temple, mais il faut tout d'abord l'éclairer par de larges ouvertures sur Dieu, sur nos destinées futures, sur l'objet de nos croyances. Ne craignons pas de développer notre intelligence, d'agrandir nos horizons. Plus nous verrons loin et haut, plus nous croirons et aimerons, et plus vives seront pour nous les lumières éternelles.

XX

Le Recueillement.

« N'oubliez jamais, disait Mme de Maintenon, qu'un chrétien sans prière est un soldat sans armes le jour du combat. Que lui peut-il arriver, sinon d'être percé de coups et abandonné à la discrétion de son vainqueur qui n'est autre que ce fort armé dont parle l'Évangile. » Prière

La prière est indispensable, la raison nous le dit comme la révélation, et pourtant combien de jeunes filles n'accomplissent qu'imparfaitement ce devoir ! Elles expédient rapidement quelques prières vocales, par habitude, sans penser à ce qu'elles disent, et elles croient être quittes envers Dieu. Le sont-elles vraiment ?

Serait-ce si difficile de se recueillir

avant de prier, d'aller un peu moins vite en disant ses prières?

Ne pourrions-nous pas parler à Dieu au moins comme nous parlons aux êtres aimés et respectés à qui nous voulons rendre hommage, ou de qui nous sollicitons une faveur?

Méditation

La méditation devrait tenir le premier rang dans la vie chrétienne. On se donne bien la peine de réfléchir sur ses affaires, même sur ses plaisirs, et quand il s'agit de Dieu et de son salut éternel, on ne veut plus en prendre le temps.

Beaucoup de jeunes filles se récrient au seul mot de méditation et affirment ne pouvoir méditer. Voyons un peu, s'il vous plaît, combien de fois vous méditez sans le savoir.

Vous voulez, à peu de frais, vous procurer une jolie toilette, que faites-vous? Vous réfléchissez profondément, vous voyez d'abord ce que vous désirez, vous songez ensuite aux moyens d'arriver à la réalisation de vos désirs, enfin, après avoir calculé, pesé, vous vous décidez à agir. Quel travail intellectuel avez-vous fait ? Une méditation, tout simplement. Le sujet a été futile au lieu d'être sérieux, c'est la seule différence.

Quelques-unes disent : « Je m'ennuie pendant ce temps d'immobilisation, je n'ai pas de beaux sentiments, de grandes idées. » Vaine excuse. L'occupation ne manque jamais si l'on veut sincèrement voir ses défauts et chercher les moyens de les corriger, si l'on désire vraiment approfondir l'Évangile et y puiser la force et la lumière.

Il ne s'agit pas, pour faire une bonne méditation, d'avoir de grands sentiments, de belles pensées, les sainte Thérèse et les Bossuet sont rares ; il s'agit tout simplement d'avoir de la bonne volonté, et de s'occuper de Dieu et de son salut comme on sait si bien s'occuper de ce qui tient à la vie extérieure.

Se recueillir, tout est là dans la vie chrétienne, et cependant rien n'est plus rare : « Vous vivez en dehors de vous, partout excepté avec Dieu et votre âme, disait Mgr Mermillod ; vous avez peur de ce double regard sur Dieu et sur votre âme. Vous ne voulez pas vous recueillir parce que vous ne voulez pas vous sanctifier. »

Ces paroles sont sévères, mais ne sont-elles pas trop souvent vraies ? On veut bien aller à l'église, entendre un prédicateur en renom, mais veut-on rentrer en soi-même et voir loyalement ce que l'on vaut. Veut-on penser parfois à ses fins dernières, et ne pas toujours oublier celui qui a tout donné !

La famille, le monde ne sont pas

une excuse : « Rentrez en vous-même et tâchez de vous mettre en présence de Dieu au milieu du plus grand monde » disait Mme de Maintenon à la duchesse de Bourgogne.

Ce qui était possible à la cour de Louis XIV serait-il impossible de nos jours !

Cet oubli de Dieu si général fait frémir : la justice finira nécessairement par l'emporter sur l'infinie miséricorde de Dieu, et alors...

« Marchez en la présence de Dieu et vous serez parfaits. » Cette parole de l'Écriture dit tout, mais qu'elle est peu comprise ! Elle demeure à la surface de notre être, et pourtant, si notre cœur en était pénétré, ne serions-nous pas plus fortes dans la lutte et plus vaillantes dans la pratique du bien ?

XXI

L'Ordonnance de la Vie.

La vie du monde entraîne vers l'inutilité, le décousu ; la nature humaine aime le changement ; la paresse pousse à suivre l'impulsion du moment ; la légèreté conduit au caprice ; l'imagination lance l'esprit dans l'espace sans frein comme sans lest. Règlement

Afin de lutter efficacement contre ces causes multiples d'incohérence dans la vie, il est absolument nécessaire de se tracer un règlement, c'est-à-dire de se poser certaines lois que l'on s'interdira de transgresser.

Le règlement est un soutien, un aide et non un moule. Il doit être large et élastique, n'embrasser que les grandes lignes et se prêter aux exigences de la vie de famille, même de la vie du monde.

Si vous vous faites un règlement trop serré, vous y manquerez souvent ; y manquant souvent vous l'abandonnerez peu à peu et bientôt il ne sera plus pour vous qu'un document respectable mis de côté pour les grands jours.

Si au contraire votre règlement est sagement et largement conçu, vous pourrez le respecter à l'ordinaire et il demeurera pour vous un puissant appui.

L'heure du lever doit être fixée d'une façon pratique, sans affectation comme sans mollesse. Dans la vie du monde, il est plus facile de déterminer le nombre d'heures à donner au sommeil que l'heure exacte à laquelle on se lèvera. (1)

Des exercices de piété courts, mais

(1) Huit heures de sommeil est une bonne moyenne. Le minimum est sept heures ; plus de huit heures est rarement sain.

faits avec exactitude et recueillement, sont plus profitables que les pratiques de dévotion trop longues, souvent omises et presque toujours accomplies avec négligence. Il faut consulter sur ce point et s'en tenir aux conseils donnés. Le propre sens trompe souvent; on révoque facilement ses propres ordonnances; il vaut cent fois mieux suivre un avis autorisé qu'agir de soi-même.

Le temps consacré au travail intellectuel doit être déterminé avec soin. Une jeune fille acquerra une vraie valeur si elle sait s'astreindre à employer sérieusement trois heures chaque jour.

L'examen du soir a été reconnu nécessaire, même par les philosophes païens : « Pour moi, disait Sénèque, j'ai pris cette autorité sur moi-même, et tous les jours je me cite devant le tribunal de ma conscience. »

Plus la vie est active, plus elle est répandue au dehors, et plus ce retour sérieux sur soi-même est nécessaire. A quoi peut être bonne l'âme ne sachant jamais ni se ressaisir, ni se mettre réellement en face d'elle même ? « Ne permets pas au sommeil de fermer tes yeux, recommandait Pythagore, avant d'avoir examiné chaque action de ta journée. En quoi ai-je manqué ? qu'ai-je fait ? Quel devoir ai-je oublié ?... Commence par la première de tes actions et parcours ainsi toutes les autres ; ensuite reproche-toi ce que tu as fait de mal et réjouis-toi de ce que tu as fait de bien. »

XXII

La Voie.

S'il est un instant solennel dans sa vie, c'est bien celui où une jeune fille choisit la voie par laquelle elle marchera vers sa fin. Vocation

C'est après de sérieuses réflexions, c'est dans le recueillement qu'une décision aussi importante devrait être prise et non, comme on le voit trop souvent, au milieu du monde et de ses fêtes, par entraînement irréfléchi, folie d'un instant, condescendance pour des influences de famille.....

Jamais vous n'aurez plus grave détermination à prendre, et vous ne voudriez vous donner ni le temps ni la peine d'examiner, de peser, les divers motifs pouvant éclairer votre choix !

Beaucoup d'âmes ont peur de la réflexion et vont à l'aveugle vers des douleurs qu'elles ne soupçonnent pas, ou qu'elles veulent ignorer.

Avoir manqué sa vocation est une cause sans cesse renouvelée de souffrances ; l'expérience le prouve chaque jour. Croire l'avoir manquée, comme quelques-unes, est non moins pénible : toute la vie cette persuasion vient diminuer les forces et rendre les épreuves plus difficiles à surmonter.

Ayez donc du courage et ne craignez pas d'aborder franchement, devant Dieu, une question qui doit être résolue avec sérieux et raison.

Vocation religieuse

La vocation religieuse est une voie très élevée mais très particulière. C'est la voie du petit nombre ; nous ne ferons que la signaler respectueusement en passant.

Mariage

Le mariage est la vocation commune,

le chemin par lequel marche le plus grand nombre des créatures humaines.

Une jeune fille ne doit pas entrer dans cet état légèrement, l'esprit uniquement occupé de vanité, de frivolité. Il lui faut au contraire réfléchir profondément et beaucoup prier Dieu de l'éclairer. Sa vie en ce monde, sa vie future sont en jeu ; elle ne doit pas l'oublier.

Certes, il est des ménages heureux et l'on peut espérer le bonheur en se mariant. Mais, le bonheur n'est nulle part sans mélange, aussi faut-il absolument demeurer dans le vrai et envisager sérieusement les devoirs qui incomberont, le dévouement généreux qu'il faudra donner, les sacrifices qu'on devra accepter.

La considération de la vérité n'est pas faite pour décourager. La mission d'une femme, d'une mère de famille est belle. Si elle a ses heures douloureuses, elle a ses heures de bonheur ; elle a toujours en tous cas un noble et beau côté : elle atteint les âmes de ceux qui lui sont confiés, et par eux celles des générations futures.

Quelle influence incommensurable peut avoir la mère de famille quand, fidèle à sa vocation, elle mène vers le bien ceux dont elle dirige les premières années!

Choix d'un mari

Votre décision est prise, votre voie est le mariage et vous êtes décidées à y entrer avec courage et générosité.

Vous vous trouvez alors en face d'un choix à faire. C'est grave, difficile ; il faut réfléchir, il faut consulter.

Vos parents sont vos conseillers naturels. Ils n'ont pas le droit de vous imposer un mariage, mais ils ont le devoir d'aider, de diriger votre choix, et l'obligation de s'opposer à une union peu raisonnable.

Ne vous mariez jamais sans l'approbation *complète* de vos parents; ne consentez pas à épouser celui dont les principes religieux ne répondent pas aux vôtres : « Jeunes filles, disait Lacordaire, sachez si l'homme à qui vous allez donner votre foi a coutume de fléchir le genou devant l'autel, si les mains auxquelles vous devez unir vos mains se joignent respectueusement dans la prière. »

La foi, la religion sont les plus grandes garanties que vous puissiez avoir pour l'avenir. Avec un chrétien vous pourrez souffrir, mais le but commun, l'unité de principes, seront des liens puissants et des gages d'un bonheur sérieux et durable. Avec celui qui ne croira pas, qui, chaque jour, blessera vos convictions, fût-il homme d'honneur et vous rendit-il heureuse par ailleurs, vous aurez toujours le sentiment d'une véritable séparation morale, et plus vous aimerez plus vous souffrirez en pensant à l'au-delà de l'être aimé.

Ne vous laissez pas entraîner à faire un mariage de dépit : une jeune fille voit celui qu'elle aime porter son choix ailleurs, vite elle accepte le premier venu afin de sembler dédaigner l'ingrat ou l'infidèle. Une autre, désolée, découragée par un amour déçu, consent à se marier sans réfléchir qu'elle engage sa vie entière. Elle ne peut épouser le seul qui lui paraît désirable, peu lui importe le reste ! Ses parents veulent la marier... soit... elle se laisse faire... Et qu'arrive-t-il ? Bientôt le regret s'accentue, le désespoir envahit l'âme, l'absence de bonheur se fait durement sentir, le devoir semble un joug affreux. On comprend, enfin, qu'on aurait dû attendre; qu'il aurait fallu faire libre ce pauvre cœur avant de le donner, et la souffrance amère s'asseoit à ce foyer, et pour combien de temps ?

Si vous voulez assurer autant que possible votre bonheur, consultez votre raison plus que votre imagination ; demeurez maîtresse de votre cœur; mettez votre volonté au travers des sentiments peu sages, et pour cela évitez les confidences inutiles qui ne servent, trop souvent, qu'à fixer des impressions passagères. Que les dons extérieurs ne soient pas tout à vos yeux ; ils peuvent cacher tant de turpitudes, tant d'égoïsme! Considérez les qualités solides, voyez si le cœur est bon, loyal, généreux; si l'âme est élevée, remplie de nobles sentiments; et préférez la vertu, la bonté aux qualités brillantes, toujours éphémères, et souvent trompeuses.

Rosa Ferrucci écrivait à une amie, au moment de ses fiançailles : « Notre affection n'est pas fondée sur les apparences extérieures, ni sur la beauté, fleur d'un jour ! Un lien plus doux a rapproché nos âmes. Nous nous aimons parce que nous aimons Dieu, nous voulons nous unir en lui, en lui ennoblir et sanctifier notre amour. »

« Oh ! Gaétano, écrit-elle à son fiancé, c'est un saint amour que le nôtre ! Il vient de Dieu, il retourne à lui, il lui porte nos cœurs. Oui c'est un saint amour, il nous aiguillonne à mieux faire, il sera béni devant l'autel, il nous fera vivre chrétiennement ensemble, il nous conduira avec sécurité jusqu'à cette fin bienheureuse dont la seule pensée rend toute fatigue légère et toute douleur supportable. Quel bel avenir est le nôtre ! Nous serons heureux : une douce concorde, une confiance entière et réciproque, les saintes joies du devoir accompli, voilà le chemin par où, je l'espère, nous marcherons au Ciel pour lequel nous avons été créés. ».

N'est-ce pas l'idéal chrétien ? Hélas ! de la réalité à l'idéal il y a loin trop souvent..... et pourquoi ? Parce que bien rarement en se mariant, on pense au sérieux de la vie, parce que plus rarement encore, on songe à mettre Dieu à la place qu'il devrait occuper dans toute existence !

L'usage de se marier sans se connaître sans savoir si les caractères, les goûts, les habitudes pourront s'accorder, est souvent aussi une cause du peu de bonheur de tant de ménages demeurant unis par devoir ou par convenance.

Vous me direz, peut-être, qu'il y a toujours des entrevues avant un mariage. Oui, mais si peu. Et puis, quand le mariage semble convenable, désirable, nul ne veut s'exposer à une rupture et chacun se montre ce qu'il devrait être et non ce qu'il est. Aussi que de désillusions, et trop tard !

On doit désirer vivement qu'une véritable sympathie existe entre fiancés et leur fasse envisager l'avenir avec joie et confiance.

Il est désolant, au contraire, de voir des jeunes filles se marier à regret, soit en cédant à des idées ambitieuses, soit en faisant taire de légitimes répugnances pour plaire à des parents imprudents.

Peut-on espérer que cette sympathie si malheureusement absente, viendra plus tard ?... Et si elle ne vient pas, que sera l'existence d'une femme de vingt ans obligée de renoncer au bonheur, et n'ayant plus en perspective que l'austérité de la vie ?

L'ambition, le luxe, auxquels tout aura été sacrifié, le plus souvent, pourront donner d'abord quelques illusions, mais bientôt ce qui avait séduit paraîtra insipide, odieux peut-être, et le bonheur absent semblera le seul enviable au monde !

De la réflexion, de la raison dans le choix que vous faites; du sérieux, en embrassant votre nouvelle vie.

Certaines jeunes filles, mariées très jeunes, ne sont pendant de longues années que des enfants vis-à-vis de leurs maris, et ne savent pas prendre à côté d'eux la place qui leur revient de droit. **Fiançailles**

Vers trente ans, des femmes ont gémi de cette position qu'elles s'étaient faites; mais que d'énergie il leur a fallu pour conquérir cette place si facile à prendre au lendemain du mariage.

Habituez-vous donc à vous montrer raisonnables ; à n'agir qu'avec jugement ; à ne parler qu'à bon escient.

On vous dira peut-être qu'une jeune fille insouciante, folle, enfant, incapable de suivre une idée est charmante... Méfiez-vous, on s'amuse tout simplement à vos dépens. Jusqu'à seize ans l'enfance prolongée peut avoir un certain agrément ; après vingt ans elle devient une absurdité ; après vingt-cinq elle n'est plus que méprisable et soyez-en sûres, méprisée.

Pour que le bonheur soit durable, il faut confiance et estime mutuelle dans un ménage, ne l'oubliez pas ; et montrez, dès le temps de vos fiançailles, que vous êtes une personne douée de raison, sachant sacrifier son jugement à celui d'autrui quand c'est le devoir, mais n'agissant jamais qu'en connaissànce de cause et en toute liberté de l'âme.

Mme de Maintenon, dont l'expérience était si grande, recommandait aux dames de Saint Cyr de parler souvent du mariage et de ses devoirs aux jeunes filles qu'elles élevaient : « Vous ne sauriez trop leur prêcher, écrit-elle, l'édification qu'elles doivent à leur mari, le support, l'attachement à sa personne et à tous ses intérêts, tout le service et les soins qui dépendent d'elles, surtout le zèle sincère et discret pour son salut dont tant de femmes vertueuses leur ont donné l'exemple, aussi bien que celui de la patience ; ce soin de l'éducation des enfants qui s'étend bien loin, celui des domestiques et du ménage qui sont plus indispensables aux mères de famille que les prières de surérogation que quantité d'entre elles ont coutume de faire, au préjudice de ces premiers et plus importants devoirs de leur état. »

Comment mieux terminer ces pages, qu'en citant encore cette grande éducatrice s'adressant à la duchesse de Bourgogne son élève, appelée, semblait-il, à de si hautes destinées :

« Que M. le duc de Bourgogne soit votre meilleur ami et votre confident ; prenez ses conseils, donnez-lui les vôtres, ne soyez qu'une seule personne, selon le dessein de Dieu. N'espérez point que cette union vous fasse jouir d'un bonheur parfait : les meilleurs mariages sont ceux où l'on souffre tour à tour l'un de l'autre avec douceur et patience. »

Célibat. Il est une troisième vocation plus particulière et demandant des aptitudes plus spéciales, c'est le célibat dans le monde.

Le célibat, non pour vivre dans l'indépendance et dans l'égoïsme, mais le célibat afin d'être plus à même de se consacrer, de se dépenser entièrement au service de Dieu et du prochain.

Pour entrer dans cette voie, de la volonté et du jugement sont nécessaires.

Une force d'âme peu commune ne l'est pas moins, car on devra se mettre au-dessus de bien des préjugés, surmonter la vanité, et accepter une situation qui ne sera jamais très nette dans la société. (1)

(1) « La détermination que prend volontairement une femme de vivre dans le célibat annonce toujours une certaine supériorité d'esprit et de caractère... Le parti qu'elle prend est rarement compris, assez souvent mal interprété ; et il ne lui faut pas seulement un dévouement intéressé qui se recherche dans le sacrifice, mais un dévouement parfait qui sacrifie tout jusqu'au dévouement lui-même, et qui n'attend sa récompense que de Dieu. » Abbé Balme-Frésol. Réflexions et conseils sur l'éducation. T. Ier.

Avant de choisir cette voie, il faut beaucoup réfléchir. Il faut examiner ses goûts, ses aptitudes : ne craint-on pas la solitude... sait-on se suffire à soi-même... a-t-on de l'initiative... est-on capable de diriger et d'occuper utilement sa vie sans avoir de sillon tracé d'avance... ?

Il ne faut pas prendre le parti de renoncer au mariage à la légère, par caprice, dépit, esprit d'indépendance. L'égoïsme est aussi un mauvais conseiller : il faut toujours souffrir, et celle qui aura reculé devant les sacrifices inhérents à la vie de famille, peut s'attendre à de terribles épreuves dans une voie où elle sera seule pour lutter contre toutes les difficultés.

Si une âme est vraiment appelée à ce genre de vie, (vie qu'ont menée nombre de chrétiennes des premiers siècles et que les temps actuels semblent indiquer de nouveau), la lumière lui sera montrée, soit par un attrait spécial, assez rare à cause des préjugés qui courent, soit par des événements la retenant dans le monde et lui montrant ce dévouement obscur comme la voie qui lui est destinée.

Si votre choix est fait, si vous voulez marcher dans cet humble chemin, si vous avez atteint un âge convenable, ne posez plus en jeunes filles. Soyez simples et évitez toute singularité. Soyez profondément et complètement raisonnables en tout et toujours. Que Dieu soit le centre de votre vie, et le dévouement au bien l'objectif de vos pensées.

Vous serez plus libres que dans les autres vocations ; employez généreusement votre liberté. Dévouez-vous à vos familles, donnez-vous sans compter à toutes les misères qui vous sollicitent;

misères morales, misères physiques, selon l'attrait de votre cœur.

Ayez toujours en vue le beau, le bien, Dieu, le prochain. Ne songez jamais à votre propre gloire, à votre satisfaction personnelle ; vous ne trouveriez que désillusions, souffrances, et vos travaux seraient vains pour le temps comme pour l'éternité.

Celles qui voudraient jouir, s'amuser, vivre pour elles-mêmes ; celles qui manquent d'énergie, d'initiative, ne sont pas faites pour ce genre de vie. Qu'elles cherchent ailleurs l'aide et le soutien dont elles ont besoin pour ne pas perdre leur temps.

Les aptitudes, les goûts, le caractère doivent être examinés avec soin quand il s'agit de cette voie exceptionnelle, mais il faut aussi savoir se mettre au-dessus des préjugés du monde, et des préjugés non moins grands de ceux qui ne sont plus du monde.

La vanité doit être écartée impitoyablement, car elle donnerait un conseil faux, et pourrait jeter sans vocation dans le mariage ou au couvent : « Renoncer aux honneurs du monde, se dira une jeune fille, ne pas avoir la gloire du sacrifice, sembler *vieille fille*, en un mot, c'est affreux !... On dira que je n'ai pu trouver à me marier... on dira ceci, on dira cela. J'ai bientôt vingt-cinq ans... telles autres plus jeunes que moi sont mariées... il faut prendre un parti... » Et la pauvre enfant accepte le premier prétendant venu pour avoir la gloire d'être établie, ou, si elle ne peut se résoudre au mariage, elle se rapproche des couvents, cherche à s'entraîner, à se décider coûte que coûte : le couvent, c'est l'honneur du sacrifice. Ce n'est pas ainsi qu'une créature douée de raison doit choisir un état de vie.

Il est une catégorie de jeunes filles, intéressantes entre toutes, et dont on ne peut s'occuper sans se sentir le cœur serré. Ce sont les pauvres enfants que des malheurs de famille, des revers de fortune, condamnent à un déclassement perpétuel ne leur permettant pas de trouver l'appui dont elles auraient besoin.

Si elles travaillent pour leur famille, heureuses sont-elles dans le malheur ; la tâche est grande et belle et leur vie ne connaîtra ni l'oisiveté ni l'ennui. Mais si diverses raisons les retiennent dans l'inaction ; si elle peuvent végéter mais non compter sur un mariage convenable; quelle sera trop souvent leur vie? Le rêve occupera la première jeunesse; la désillusion, la seconde ; l'irritation, l'amertume, l'âge mûr ; les manies, les petitesses de tous genres, la vieillesse. Et pourtant, elles pourraient mieux faire !

Que faudrait-il pour cela ? — Avoir un peu de courage, sortir de soi-même, de ses rêves, de sa personnalité, et se dépenser généreusement pour le bien général.

Au contact de la misère, de la douleur, on ne songerait plus au manque de relief de sa vie et l'on s'estimerait heureuse, au contraire, de n'avoir pas comme tant d'autres une existence vouée au malheur positif.

L'inoccupation, la rêverie sont les ennemis de la jeunesse ; elles sont fatales pour les jeunes filles destinées à attendre longtemps un établissement.

Employez donc vaillamment ces années de liberté ; ne demeurez pas dans une attente inutile. Consultez votre attrait, les convenances de votre âge, de votre position, les désirs de vos parents, mais levez les obstacles et lancez-vous dans la pratique de la charité avec une complète générosité.

Vous vous trouverez bien de votre nouveau genre de vie, soyez-en certaines, et vos familles se féliciteront elles-mêmes bientôt de n'avoir pas entravé votre élan.

ÉPILOGUE

La Jeune Fille au XXe siècle.

Voyez cette jeune fille qui passe Est-elle brune, blonde, grande, petite, jolie, gracieuse, je ne sais, et peu m'importe !

Son âme est belle, élevée ; sa tenue simple, digne ; son cœur dévoué, généreux.

Elle est au courant du mouvement intellectuel, et son intelligence cultivée lui permet de se mêler aux conversations les plus sérieuses sans en rabaisser le niveau.

Les grandes questions actuelles l'intéressent, et sa raison largement développée la met à même d'y démêler le vrai du faux.

Elle ne montre pas sa valeur mais on la devine, et ses paroles ont une portée dont elle ne se doute pas.

Elle a de l'esprit, et le mot spirituel vient naturellement sur ses lèvres mais elle le dit rarement et seulement à propos.

Son temps est sérieusement employé, et pour elle aucun jour ne se passe sans quelques heures d'étude ou de lecture intéressante.

Elle aime le monde ; elle est gracieuse, aimable et sait se mettre au niveau de chacun.

Elle ne néglige jamais les autres jeunes filles, et les personnes âgées la trouvent toujours disposée à les écouter ou à leur rendre service.

Elle est aimable et simple avec les jeunes gens, mais sait éviter la camaraderie aussi bien que la coquetterie.

Sa toilette plaît à tous les regards ; elle est en parfaite harmonie avec sa personne.

Ses principes religieux sont immuables, et pour elle le devoir est sacré.

Sa piété est large, élevée, intelligente rien n'y est affecté, rien n'y est gênan pour le prochain.

Comme tout le monde, ses parents subissent son influence : ils ne peuvent rien refuser à celle dont les demandes sont toujours raisonnables et qui expose ses idées sans vouloir les imposer.

Elle a une sœur frivole, un frère inquiétant peut-être ? Elle ne reprend ni ne blesse, mais elle est bonne, patiente, et sait saisir l'instant propice pour mettre son affection au service de l'égaré.

Les domestiques voient qu'en elle la bonté s'allie à la justice, et ils cherchent à bien faire afin de mériter son estime.

Elle aime les pauvres, les œuvres ; elle parle peu mais elle agit, et, unissant la prudence au zèle, se dévoue sans compter et fait un bien réel.

Nul mauvais sentiment n'a prise sur son âme : la jalousie n'est connue d'elle que de nom; l'égoïsme est comme enchaîné dans ce cœur pétri de bonté ; la médisance n'est jamais sur ses lèvres et l'absent trouve en elle un défenseur sage et discret.

Les contrariétés la laissent calme et douce; les petits ennuis de la vie ne lui ôtent pas la sérénité. On la dirait au-dessus des misères humaines tant elle possède son âme et sait la placer haut.

Cependant elle est bien de son temps et les timidités d'autrefois lui sont inconnues.

Elle aime les jeux nouveaux et y montre de l'adresse.

Peut-être monte-t-elle, avec son père ou son frère, à cheval ou à bicyclette, peut-être se laisse-t-elle tenter par la chasse ou autres exercices violents... ? Mais ce qui est positif, c'est qu'en toutes circonstances, on remarquera la dignité de sa tenue et la correction de sa toilette.

Certains genres de vie, certaines études l'entraîneront parfois dans des voies qui vous sembleront nouvelles, ne vous en inquiétez pas, son âme fortement trempée gardera toujours la mesure et fera servir au bien général ce que vous appellerez innovations.

Cette jeune fille qui passe, vous n'en pouvez douter, c'est la française du vingtième siècle.

Mais ne peut-on lui dire, en toute vérité : « Si vos habitudes ne sont plus celles de vos grand'mères, peu importe, car vous avez conservé, avec les principes et la force qui font la chrétienne, l'esprit et la grâce qui font la française. »

QUELQUES TITRES DE LIVRES (1)

Essai de bibliothèque d'une femme instruite et studieuse.

Il est impossible de n'indiquer ici que les ouvrages pouvant être mis indistinctement entre les mains de toutes les jeunes filles.

Il appartient aux mères, aux éducatrices, d'y faire un choix judicieux ou de pratiquer les coupures nécessaires.

Les ouvrages indiqués peuvent cependant toujours *être lus* aux jeunes filles.

Education

Fénelon	Traité de l'éducation des filles.

(1) *La librairie G. Beauchesne et Cie se charge de rocurer tous ces livres, avec les remises ordinaires.*

Mme de Maintenon	Lettres et entretiens aux demoiselles de saint Cyr. 4 vol.
Mgr Dupanloup	De l'éducation, 3 vol. De la haute éducation intellectuelle, 3 vol. Lettres sur l'éducation des filles. La femme studieuse. L'enfant.
Nettement	La seconde éducation des filles.
Le Père Gratry	Les sources.

Philosophie

Pelissier	Précis d'un cours complet de philosophie élémentaire.
Le P. Lahr	Cours de philosophie, 2 vol.
Henri Joly	Cours de Philosophie.
Elie Blanc	Histoire de la philosophie.
Mgr Dupanloup	Conseils aux jeunes gens sur

	l'étude de la philosophie.
Xénophon	Mémoires sur Socrate. (Delalain.)
Platon	Phédon, dialogue, trad. Carreau (Delalain.)
Cicéron	Traité des devoirs, trad. Joly (Delalain.)
H. Joly	Etudes sur un choix d'ouvrages philosophiques. (Auteurs grecs, latins, français.)
Saint Augustin	Les confessions, trad. Moreau.
Bossuet	Discours sur l'histoire universelle, 2me partie. Connaissance de Dieu et de soi-même.
Fénelon	Traité de 'existence de Dieu.
Pascal	Pensées (éd. Drioux.)
La Bruyère	Caractères (éd. Drioux.)
La Rochefoucauld	Pensées.
Bonald	Mélanges, 2 vol.
Joseph de Maistre	Soirées de Saint Pétersbourg 2 vol. Considérations sur

	la France.
Balmès	L'art d'arriver au vrai.
P. Gratry	Œuvres philosophiques.
Mme Swetchine	Œuvres, publiées par le Comte de Falloux.
Le P. Lescœur	Théodicée Chrétienne d'après les Pères. La Science du bonheur.
Caro	L'idée de Dieu. Le matérialisme et la science.
Abbé de Broglie	Dieu, la conscience, le devoir. Le positivisme et la science expérimentale.
Mgr d'Hulst.	Conférences de Notre-Dame: La Morale, 5 vol.
Beausire	Fondement de l'obligation morale.
Janet	La Morale. Matérialisme contemporain.
Ollé Laprune	La Philosophie et les temps présents. Le prix de la vie.
Denys Cochin	L'évolution et la vie.
Abbé Piat	La liberté.

Brunetière	Discours de combat
Mgr Dupanloup	Les deux lettres sur l'Esthétique.
Lamennais	De l'art et du beau.
Topffer	Menus propos.
Abbé Broussolle	La vie esthétique.
Père Antoine	Cours d'économie politique.
Hervé Bazin	Notions d'économie politique.
Octave Noël	Le socialisme et la question sociale.
Lucien Brun	Introduction à l'étude du droit.

Religion

Bossuet	Catéchisme. Exposition de la doctrine catholique.
Mgr Dupanloup	Catéchisme à l'usage des hommes du monde.
L'abbé Cauly	Le catéchisme expliqué.

	Recherche de la vraie Religion.
L'abbé Guillois	Explication du catéchisme, 4 vol.
Le P. Schouppe	Instruction religieuse en exemples, 3 vol.
Le P. Monsabré	Les conférences de Notre-Dame : Introduction au dogme catholique, 4 vol. Exposition du dogme catholique, 18 vol.
Abbé Girodon	Exposé de la doctrine catholique.
Mgr Gerbet	Le dogme générateur de la piété chrétienne.
Guillemond	La vie chrétienne, ses principes, sa pratique, 2 vol.
Mgr de Ségur	Ouvrages et opuscules.
Schwane	Histoire des dogmes, 6 vol.

Bossuet	Histoire des variations.
Balmès	Le catholicisme comparé au protestantisme.
J. de Maistre	Du pape.

Mgr Frayssinous Défense du Christianisme.
Donoso Cortès Essai sur le catholicisme.
Auguste Nicolas Études philosophiques sur le christianisme, 4 vol. La Vierge Marie et le plan divin, 4 vol.
Abbé Gorini Défense de l'Église contre les erreurs de Guizot, Aug. et Am. Thierry, Michelet, Ampère etc. 4 vol.
Le P. Gratry La philosophie du Credo.
Henri Perreyve Entretiens sur l'Église Catholique.
Hettinger Apologie du Christianisme, 5 vol.
Cardinal Pie Instructions synodales sur les principales erreurs du temps présent.
Abbé Jaugey Dictionnaire apologétique de la foi catholique.
Cardinal Gibbons La foi de nos pères (trad. Saurel.)
L'abbé Désers Dieu et l'homme. Le Christ Jésus. L'Église Catholique,

Mgr Mérlo	Le merveilleux dans la science.
Le P. Lescœur	La science et les faits surnaturels contemporains.
Gondal	Le miracle.
Le P. de Bonniot	Le miracle et ses contrefaçons.
H. Joly	Psychologie des saints.
Mgr Baunard	La foi et ses victoires, 2 vol. Le doute et ses victimes.
Bne de Kœnneritz	Ma conversion du protestantisme. Une protestante convertie au catholicisme par sa bible et son livre de prières.
Duchesne	Origine du culte chrétien.
Mgr de Conny	Les Cérémonies de l'Église enseignées aux fidèles.
Dom Guéranger	L'année liturgique, 13 vol.
Decroutle	La Sainte Messe.
Abbé Vigouroux	Manuel biblique, 4 vol. Les

	livres saints et la critique rationaliste, 4 vol. La bible et les découvertes modernes, 4 vol.
Abbé Fillion	Les psaumes commentés.
Bossuet	Méditations sur l'Évangile. Élévations sur les mystères.
Abbé Lesêtre	La clef des Evangiles. N. S. Jésus-Christ dans son Saint Evangile.
Libermann	Commentaires sur l'Évangile de saint Jean.
Père Leroy	Jésus-Christ, sa vie, son temps, 10 vol.

O Bardenhewer	Les Pères de l'Église, leur vie et leurs œuvres (trad. Godet et Verschaffel) 3 vol.
Abbé Lagrange	Lettres choisies de saint Jérôme.
Saint Augustin	Les Soliloques. Lettres. (éd. Poujoulat), 4 vol.
Mgr Freppel	Cours d'éloquence sacrée,

	13 vol : Les Pères Apostoliques — Saint-Justin-Tatien, Hermias, etc. — Saint-Irénée, 1 vol. — Tertulien, 2 vol. — Saint-Cyprien — Clément d'Alexandrie — Origène, 2 vol. — Commodien, Arnobe, Lactance — Bossuet et l'éloquence sacrée, 2 vol.
Battifol	Ancienne littérature chrétienne.
Bossuet	Discours sur l'histoire universelle.
Hergenrœther	Histoire de l'Église, trad. Belet. 8 vol.
Kranz	Histoire de l'Église, trad. P. Godet et Verschaffel.
Abbé Fouard	Vie de N. S. Jésus-Christ, 2 vol. Vie de saint-Pierre. Saint Paul et ses missions. Saint Paul, dernières années.

Mgr Baunard	L'apôtre saint Jean.
Lacordaire	Sainte Madeleine.
Abbé Lesêtre	La sainte Église au temps des Apôtres.
Trad. de Solesmes	Actes des Martyrs.
Allard	Histoires des persécutions, 5 vol. Le christianisme et l'empire romain. Julien l'Apostat.
Dom Guéranger	Sainte Cécile.
Mgr Baunard	Saint Ambroise.
Le Père Largent	Saint Jérôme.
Abbé Lagrange	Sainte Paule.—Saint Paulin de Nôle.
Le Père Largent	Saint Hilaire.
Lecoy de la Marche	Saint Martin.
Mgr Bougaud	Sainte Monique.
Poujoulat	Saint Augustin.
Ozanam	Etudes germaniques, 2 vol. La civilisation au ve siècle, 2 vol.
Montalembert	Les moines d'Occident, 7 vol.
Vacandard	Saint Bernard, 2 vol.
Lacordaire	Saint Dominique.
Abbé Lemonnier	Saint François d'Assise, 2 vol.

Montalembert	Sainte Élisabeth de Hongrie.
Wallon	Saint Louis et son temps.
Ctesse de Flavigny	Sainte Brigitte de Suède.
Capecelatro	Sainte Catherine de Sienne.
Thureau Dangin	Saint Bernardin de Sienne.
Cte de Falloux	Saint Pie V, 2 vol.
Joyau	Saint Pie V.
H. Joly	Saint Ignace.
Ste Thérèse	Livre des Fondations.
Une Carmélite	Vie de Sainte Thérèse, 2 vol.
H. Joly	Sainte Thérèse.
Hamon	Saint François de Sales.
A. de Margerie	Saint François de Sales.
Mgr Bougaud	Vie de Sainte Chantal, 2 vol. Vie de Saint Vincent de Paul. La Bienheureuse Marguerite-Marie.
E. de Broglie	Saint Vincent de Paul.
Mgr Baunard	Louise de Marillac, (Melle Legras).
Angot des Rotours	Saint Alphonse de Liguori.
Le Père Berthe	Saint Alphonse de Liguori, 2 vol.
Cal Consalvi	Mémoires sur le concordat et l'empire, 2 vol.

Mgr Méric	M. Émery et l'Église de France pendant la Révolution, 2 vol.
Welschinger	Divorce de Napoléon.
Mgr Ricard	Le Cardinal Fesch.
	Le Concile de 1815.
Nemours Godré	Daniel O'Connel, sa vie et son œuvre.
Thureau Dangin	La renaissance catholique en Angleterre. Newman et le mouvement d'Oxford.
Vte de Meaux	L'Église catholique et la liberté aux États-Unis.
P. Lescœur	L'Église catholique en Pologne sous le gouvernement russe, 2 vol.
G. Goyau	L'Allemagne religieuse.

Histoire

Cantu	Histoire universelle trad. Lacombe, 20 vol.
	Abrégé de l'histoire uni-

	verselle, trad. Ricard, 2 vol.
Lenormand	Histoire ancienne grecque.
Dumont	Histoire romaine, 3 vol.
César	Commentaires sur l'histoire des Gaules (Delalain).
Cte de Champagny	Études sur l'Empire romain: Les Césars jusqu'à Néron, 4 vol. Rome et la Judée, 2 vol. Les Antonins, 3 vol, Les Césars du IIIe siècle, 3 vol.
Am. Thierry	Récits sur l'histoire romaine au Vme siècle.
Montesquieu	Cause de la grandeur et de la décadence des Romains.
Am. Thierry	Histoire des Gaulois jusqu'à l'entière domination romaine, 2 vol. Histoire de la Gaule sous la domination romaine, 2 vol.
Gaillardin	Histoire du Moyen-âge, 3 vol.
Michaud	Histoire des Croisades, 4 vol.

Trognon	Histoire de France, 5 vol
Dareste	Histoire de France, 9 vol.
Keller	Histoire de France, 2 vol.
Mme de Moussac	Histoire de France.
Nettement	Causeries sur l'histoire de France.
Grégoire de Tours	Traduction Guizot (Perrin).
Siméon Luce	Duguesclin.
Sire de Joinville	Histoire de St Louis.
Villehardouin	Conquête de Constantinople.
Froissard	Chroniques, 3 vol.
Christine de Pisan	Faits du roi Charles V.
P. de Commines	Mémoires.
	Depuis cette époque un grand nombre de mémoires ont été écrits; presque tous offrent de l'intérêt.
	Mme *Carette* a fait paraître un choix de mémoires à l'usage des jeunes filles qui peut rendre de grands services.
Sémichon	La paix et la trêve de Dieu.
Wallon	Histoire de Jeanne d'Arc.

Marius Sepet	Histoire de Jeanne d'Arc.
La Gournerie	François Ier.
De Barante	Les ducs de Bourgogne.
De Chalembert	La Ligue.
Poirson	Henri IV.
Marius Topin	Louis XIII et Richelieu.
Chéruel	Histoire de France sous Mazarin, 2 vol.
C. Rousset	Histoire de Louvois, 4 vol.
Gaillardin	Le siècle de Louis XIV, 6 vol.
E. de Broglie	Le dauphin, fils de Louis XV.
Cte de Falloux	Louis XVI.
De Beauchesne	Louis XVII, 2 vol. Mme Élisabeth, 2 vol.
Poujoulat	Histoire de la Révolution française, 2 vol.
Mortimer Ternaux	Histoire de la Terreur.
Henri Wallon	La Terreur, 2 vol. Histoire du tribunal révolutionnaire, 6 vol.
E. Biré	La légende des Girondins.
Crétineau Joly	La Vendée militaire, 5 vol.
M[ise] de la Rochejaquelein	Mémoires, éd. originale. (Plon).
Nettement	Quiberon.

De la Sicotière	Louis de Frotté et les insurrections normandes, 2 vol.
De Barante	Le directoire.
Vte de Meaux	La Révolution et l'Empire.
Poujoulat	Le Cardinal Maury.
Nettement	Histoire de la restauration. Histoire de Marie-Thérèse, fille de Louis XVI. 2 vol.
Camille Rousset	L'Algérie et la conquête de l'Algérie, 4 vol.
Duc d'Aumale	Les princes de Condé.
Thureau Dangin	Histoire de la monarchie de juillet, 7 vol.
De la Gorse	Histoire de la deuxième république, 2 vol. Histoire du second empire, 6 vol.
Camille Rousset	La guerre de Crimée, 2 vol.
Maxime du Camp	Les convulsions de Paris, 4 vol.

Joseph de Maistre	Considérations sur la France.
De Tocqueville	L'ancien régime et la Révolution.

Taine	Les origines de la France contemporaine, 4 vol.
Audin (J. M.)	Histoire de Henry VIII et du schisme d'Angleterre, 2 vol.
Jules Gauthier	Histoire de Marie Stuart 2 vol.
De Bonnechose	Moncalm et le Canada.
Claudio Jeannet	Les États-Unis Contemporains.
Tocqueville	La démocratie en Amérique.
Vogüé	Un Fils de Pierre-le-Grand.
Vandal	Louis XV et Elisabeth de Russie. Napoléon Ier et Alexandre Ier, 2 vol.
Pierling (S.J.)	La Russie et le Saint-Siège.
Cte de Ségur	Vie du Comte Rostopchine.
Abbé Perreyve	La Pologne.

De Noailles — Henri de Valois et la Pologne.

Janssen — L'Allemagne et la Réforme.

De Broglie — Frédéric II et Marie-Thérèse, 2 vol. Frédéric II et Louis XV, 2 vol. Marie-Thérèse impératrice, 2 vol. La paix d'Aix-la-Chapelle.

Cantu — Histoire des Italiens, 12 vol.

Costa de Beauregard — La jeunesse de Charles Albert.

Littérature

Mgr Plantier — Études littéraires sur les poèmes bibliques.

Egger — Histoire de la littérature grecque.

Puech — Histoire de la littérature romaine.

Nisard	Les quatre grands historiens latins.
Nisard	Histoire de la littérature française, 4 vol.
Chauvin et Le Bidois	Histoire de la littérature française d'après les critiques contemporains.
Doumic	Études sur la littérature française, 4 vol.
Brunetière	Études critiques sur l'histoire de la littérature française.
Mennechet	Matinées littéraires, 4 vol.
Villemarqué	Bardes bretons.
Léon Gauthier	Epopées françaises, 3 vol.
E. Faguet	Les XVIe, XVIIe, XVIIIe, XIXe siècles.
Larroumet	Précieuses ridicules.
Nettement	Histoire de la littérature sous la Restauration, 2 vol. Histoire de la littérature sous le gouvernement de juillet, 2 vol.

Doumic	Ecrivains d'aujourd'hui. Portraits d'écrivains. Les jeunes. De Scribe à Hibsen. Causeries sur le théâtre contemporain.
Legouvé	Dernier travail, dernier souvenir. L'art de la lecture. La lecture en action.

Bossuet	Oraisons funèbres.
Fénelon	Télémaque. Dialogues sur l'éloquence. Fables et contes. Dialogues des morts.
Massillon	Petit Carême.
Fléchier	Oraisons funèbres.
Mme de Sévigné	Lettres.
Mme de Maintenon	Entretiens et lettres (éd. Lavallée).
Boileau	Œuvres.
Corneille	Œuvres.
Racine	Œuvres. Théâtre choisi.
Molière	Œuvres choisies.
La Fontaine	Fables (éd. classique).

Florian	Fables.
La Bruyère	Caractères.
La Rochefoucauld	Maximes et pensées.
Voltaire	Siècle de Louis XIV. Charles XII. (éd. classique.) Lettres choisies.
Buffon	Œuvres choisies. 2 vol. (Didot.)
Chateaubriand	Génie du Christianisme. éd. classique. Les Martyrs.
Joseph de Maistre	Lettres, 2 vol.
Xavier de Maistre	Œuvres.
Lamartine	Lectures pour tous, Premières méditations. Manuscrit de ma mére.
Mme Swetchine	Lettres.
Alfred de Vigny	Grandeur et servitude militaire. Théâtre.
Victor Hugo	Odes et Ballades. Morceaux choisis. Les enfants.
Victor de Laprade	Poèmes civiques. Pernette. Le livre d'un père.
Déroulède	Chants du soldat. Chants du paysan. Du Guesclin.

Coppée	Le passant. Le pater. La bonne souffrance. Dans la prière et dans la lutte.
Ozanam	*Le Dante*
Dante	La divine Comédie.
Le Tasse	La Jérusalem délivrée.
Silvio Pellico	Mes prisons.
Manzoni	Les Fiancés.
Milton	Le Paradis perdu, éd. clas.
Blaze de Bury	Répertoire de Shakespeare. Les romanciers contemporains.
Heinrich	Histoire de la littérature allemande.
Puibusque	Histoire de la littérature espagnole, 2 vol.
Cervantes	Don Quichotte (éd. corrigée).
Caballero	Nouvelles andalouses.
De Vogüé	Le Roman Russe.

Topffer	Nouvelles Genevoises.
Xavier Marmier	Nouvelles Danoises.

Arts

Charles Blanc	Grammaire des arts du dessin. Grammaire des arts décoratifs.
Bouchitté	Le Poussin
Marc Pattison	Claude Lorrain.
Vitet	Le Louvre et le nouveau Louvre. Étude sur les Arts, Étude sur l'histoire de l'art.
Georges Lafenestre	Les Maîtres anciens.
Duplessis	Histoire de la gravure. Merveilles de la gravure.
Georges Berger	Ecoles françaises jusqu'à Louis XIV.
De Laprade	Questions d'art et de morale.
Michiels	L'art de la peinture en Europe.
Charles Clément	Michel-Ange. Léonard de Vinci.

Anthyme S. Paul.	La France monumentale.
Broussolle	Pèlerinages ombriens. La Jeunesse du Pérugin.
Blaze de Bury	Musiciens du présent et du passé. Rossini, sa vie et ses œuvres.
Wilda	Beethoven. Mozart.
Berlioz	A travers chants.
Oct. Fouque	Les révolutionnaires en musique.
David	Vie et œuvres de Bach.
Chamberlain	Richard Wagner.

Sciences

Aubert	Histoire naturelle des êtres vivants.
De Lapparent	Abrégé de Géologie.
Aug. Robin	La Terre.
Ph. Petit	Traité d'astronomie pour les gens du monde, 2 vol.

P. Secchi	Les étoiles. Le Soleil.
	Dictionnaire universel de la vie pratique à la ville et à la campagne. (Hachette.)
Mme Millet Robinet	Maison rustique des dames, 2 vol.
Th. de Dillemont	Ouvrages de femmes.

Voyages

Chateaubriand	Itinéraire de Paris à Jérusalem.
Mgr Gerbet	Esquisse de Rome Chrétienne.
Louis Veuillot	Rome et Lorette. Pèlerinages en Suisse.
Mgr de Ségur	Journal d'un voyage en Italie.
Rossi	Rome souterraine.
Baron de Hübner	Promenades autour du monde, 2 vol. A travers

	l'empire britannique.
Ctesse de Robersart	Lettres d'Espagne, Orient, Égypte.
Victor Fournel	Promenades d'un touriste en Hollande.
Xavier Marmier	En Franche-Comté Du Rhin à Constantinople et de Constantinople au Caire, 2 vol. Un été au bord de la Baltique. De l'Est à l'Ouest. Du Rhin au Nil. Lettres sur l'Algérie. Lettres sur le Nord. Au bord de la Néva. Lettres sur L'Amérique.
D'Haussonville	A travers les États-Unis.
Bourget	Outre-mer, 2 vol.
Mgr Huc	Empire chinois. Le Thibet. Le Japon.
Loti	Les derniers jours de Pékin.
P. Coubé	Voyage au pays des Castes.

Divers

Aubray	L'allée des demoiselles.

Cte de Baillon	Henriette-Marie de France, reine d'Angleterre. Lettres inédites de Henriette-Marie de France. Henriette-Anne d'Angleterre duchesse d'Orléans, sa vie et sa correspondance.
Mme de Barberey	Élisabeth Seton.
Mgr Baunard	Vie de la mère Barat, 2 vol. Vie de Mme Duchesne. Vie du général de Sonis. Vie du Cardinal Pie.
René Bazin	L'enseigne de vaisseau Paul Henry. Les Oberlé. La Sarcelle Bleue. La terre qui meurt. Les Noëllet.
Mgr Besson	Vie de Xavier de Mérode.
Le Père Berthe	Garcia Moreno.
Edmond Biré	Journal d'un bourgeois de Paris pendant la Révolution. 5 vol. Victor de Laprade.
Mistress Bischop	Mme Craven.

Blaze de Bury Dames d'hier et d'aujourd'hui.

Bonneau Avenant La duchesse d'Aiguillon. Mme de Miramion.

Bouère (Ctesse de la) Souvenirs sur la guerre de la Vendée.

Jean de la Brète Mon oncle et mon curé. Le Le vent souffle où il veut. L'imagination fait le reste. Badinage. Le Cte de Palène. Conte bleu.

Caro Georges Sand.

Le P. Chocarne Vie du père Lacordaire, 2 vol.

Costa de Beauregard Un homme d'autrefois. Prédestinée.

Mme Craven Nathalie Nariskine. Adélaïde Capece Minutolo. Le père Damien. Lady Fullerton. Le travail d'une âme. Les récits d'une sœur. 2 vol.

E. Delacroix Lettres.

P. Delaplace La Révérende mère Javouhey, fondatrice du couvent

	de Saint-Joseph de Cluny, 2 vol.
Duras (Desse de)	Journal des prisons de mon père, de ma mère et des miens.
Droz	Tristesses et sourires. Lettres d'un dragon.
Cte de Falloux	Vie de Mme Swetchine. Augustin Cochin. Études et souvenirs.
H. Flandrin	Lettres.
Mgr Gay	Lettres à sa famille et à ses amis, 2 vol.
de Gontaut	Mémoires de la Duchesse de Gontaut.
Gounod	Mémoires d'un artiste.
P. Gratry	Souvenirs de ma jeunesse.
Hamon	Le Cal de Cheverus.
Cte d'Haussonville	Mme de Lafayette La duchesse de Bourgogne. Mémoires de Mlle d'Aumale sur Mme de Maintenon.
Mgr d'Hulst	Vie de la Mère Marie Thérèse. Vie de Just de Bretennière.
Huysmans	Pages catholiques. De tout.

Jacquemont	La Campagne des zouaves pontificaux en France.
V^tesse *de Janzé*	Berryer.
Prince de Joinville	Vieux souvenirs.
Emile Keller	Le général de Lamoricière, 2 vol.
Lachaud	Histoire d'une âme.
Lacordaire	Correspondance avec Mme Swetchine.
Père Lecanuet	Berryer, sa vie et ses œuvres. Montalembert.
Legouvé	Soixante ans de souvenirs, 2 vol. Nos fils et nos filles.
P. Mercier	Lamennais.
Monlaur	Angélique Arnauld. Le Rayon. La duchesse de Montmorency.
Montalembert	Lettres à un ami de Collège.
Nettement	Vie de Marie Thérèse de France, 2 vol. Vie de la Marquise de la Rochejaquelein.
Ozanam	Lettres, 2 vol.
Père de Ponlevoy	Vie du P. de Ravignan, 2 vol.
de Pontmartin	Mes Mémoires, 2 vol.

Cal Perraud	Le Père Gratry.
Abbé Perreyve	Lettres. Rosa Ferrucci. Journée des malades.
Vtesse de Pitray	Mon bon Gaston, (Mgr de Ségur.)
Dom Rabory	Vie de la princesse Louise de Bourbon-Condé, Correspondance de la princesse Louise de Bourbon-Condé.
Cte de Rochechouart	Souvenirs sur la Révolution, l'Empire et la Restauration.
J. Schultz	La neuvaine de Colette.
Mgr de Ségur	Ma Mère.
Mis de Ségur	Souvenirs et récits d'un frère, 2 vol. Sabine de Ségur. Les enfants de Paris.
Duchesse de Tourzel	Mémoires.
Louis Veuillot	Çà et là, 2 vol. Corbin et d'Aubecourt. Correspondance, 7 vol.
Mme Vigée Lebrun	Souvenirs, 2 vol.
Villefranche	Vie de dom Bosco.
Anonymes	Mme de Montagu.
	Vie de la R. mère Camille.

de l'enfant Jésus, née Soyecourt.
Rosa Ferruci par sa mère.
Jeanne Jugan et les petites sœurs des pauvres.
Mme de la Rochefoucauld, duchesse de Doudeauville.

Spiritualité

	Imitation de Jésus-Christ. Ed. Lammenais.
St Bonaventure	Méditations sur la vie de Jésus-Christ.
St. Fr. de Sales	Lettres. Introduction à la vie dévote.
Scupoli	Combat spirituel.
Fénelon	Lettres.
Bossuet	Sermons. Lettres de direction. Méditations sur l'Évangile.
Bourdaloue	Sermons.
P. de Caussade	Traité de l'abandon à la

	Providence divine, 2 vol.
P. Roothaan	Exercices spirituels de Saint Ignace.
Rodriguez	Perfection chrétienne à l'usage des gens du monde 2 vol.
P. Grou	L'école de Jésus-Christ. Manuel des âmes intérieures.
P. de Lombez	Traité de la paix intérieure.
St. Alp. de Liguori	Visites au Saint Sacrement. Les gloires de Marie, 2 vol. Pratique de l'amour envers Jésus-Christ.
L'abbé Perreyve	Méditations sur le chemin de la Croix.
P. Gratry	Mois de Marie.
Libermann	Lettres, 3 vol.
Mgr Gay	De la vie et des vertus chrétiennes, 2 vol. et autres ouvrages.
Mme d'Hoffelize	Avis spirituels, 2 vol. Nouveaux avis spirituels.
Le P. Coubé	La communion hebdomadaire.

Le P. Monsabré Or et alliage dans la vie dévote.
Le Père Ollivier La passion de Notre-Seigneur-Jésus-Christ.
Mgr de la Bouillerie Méditations sur l'Eucharistie.
St. Fr. Xavier Lettres, 2 vol.
Sainte Thérèse Lettres, 3 vol.

SUPPLÉMENT

Berthe (Le Père) Jésus-Christ, 2 vol.
Bourget Monique.
Brière (Léon de la) Mme Louise de France.
Broglie Secret du Roi.
Buchanan Father Anthony.
Charruau (Le P.) Vers le mariage (Téqui).
Costa de Beauregard Souvenirs du Cte de la Ferronnays.
Désers (Abbé) Lettres à un jeune bachelier sur les objections modernes contre la religion.
Dupanloup (Mgr) Journal intime (Téqui).

Goyau	Vieille France, jeune Allemagne.
Gratry	Henri Perreyve (Téqui).
Haussonville (D')	Ma jeunesse (1814-1830).
Mme Lavergne	Vie et œuvres, 2 vol. Correspondances, 2 vol.
Lesêtre (Abbé)	Histoire de la Passion.
Marbot	Mémoires, 3 vol.
Margueritte (P. et V.)	Les braves gens (1870).
Monlaur	Après la neuvième heure.
Nolhac (Pierre de)	Marie-Antoinette.
Nourry (Le P.)	Une éducation de nos jours. Comment on croit. Quelques heures de recueillement. La vocation.
Ollé-Laprune	Les sources de la paix intellectuelle.
Perreyve (Abbé)	Lettres à un ami d'enfance. Pensées choisies (Téqui).
Serao	Au pays de Jésus.
Terrien (P.)	Vie du P. de Clorivière.
Vandal	L'avènement de Bonaparte.
Welschinger	Le duc d'Enghien. Le roi de Rome.

TABLE ALPHABÉTIQUE

A

B

C

D

R

S

T

V

TABLE DES MATIÈRES

Paris. — J. Mersch, imp., 4 bis, Av. de Châtillon.

www.ingramcontent.com/pod-product-compliance
Ingram Content Group UK Ltd.
Pitfield, Milton Keynes, MK11 3LW, UK
UKHW020132220726
13923UKWH00001B/122

9 782016 172483